Hermann Peters

Der Arzt und die Heilkunst in der deutschen Vergangenheit

Hermann Peters

Der Arzt und die Heilkunst in der deutschen Vergangenheit

ISBN/EAN: 9783955640019

Auflage: 1

Erscheinungsjahr: 2013

Erscheinungsort: Bremen, Deutschland

EHV
HISTORY

Monographien zur deutschen Kulturgeschichte
herausgegeben von Georg Steinhausen
Hermann Peters
Der Arzt und die Heilkunst in
der deutschen Vergangenheit
Mit 153 Abbildungen u. Beilagen
nach den Originalen aus dem
15.—18. Jahrhundert
Verlegt bei
Eugen Diederichs
in Leipzig 1900
J·V·CISSARZ·1899·

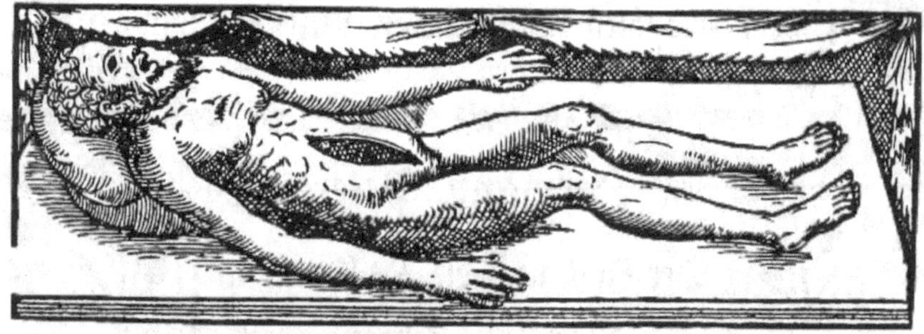

Abb. 1. Mumie. Holzschnitt aus: Lonicerus, Kräuterbuch. Ulm 1679.

Als heilkundig galt schon der höchste und hehrste Gott der Germanen, Wodan oder Odin, der durch Kenntnis der Runen in den Besitz aller Weisheit gelangt war. Während er einst mit Phol, der mit Baldur identisch ist, in den Wald ritt, heilte er die Beinverrenkung eines Pferdes durch Besprechen. So erzählt es uns einer der uns erhalten gebliebenen altgermanischen Merseburger Zaubersprüche, der in Übersetzung lautet:

„Phol und Wodan
Fuhren zu Holze;
Da ward dem Baldurs Fohlen
Sein Fuß verrenkt
Da besprach ihn Sinthgut
Sunna ihre Schwester,
Da besprach ihn Frija
Volla ihre Schwester,
Da besprach ihn Wodan,
So er wohl konnte:
So Beinverrenkung,
So Blutverrenkung,
So Gliederverrenkung:
Bein zu Beine,
Blut zu Blute,
Glied zu Gliedern,
Als ob sie geleimt seien."

In den altdeutschen Sagen werden auch eine Anzahl Männer als heilkundig gerühmt. So hatte Wate, der breitbärtige, riesige Held, nach dem Gudrunliede die Arzneikunst von einem wilden Weibe erlernt:

„Hetele boten sande, dô hiez er Waten komen;
si heten in langer zite da vor wol vernomen,
daz Wate arzât waere von einem wilden wibe.
Wate der vil maere gevrumte manegem wunden an dem libe."

Vorwiegend war die Heilkunst bei den alten Deutschen jedoch Eigentum der Frauen. Als Höder, der blinde Gott der Finsternis, seinen Bruder, den Lichtgott Balder, durch einen Wurf mit einem Mistelzweige der Todesgöttin Hel zugeführt hatte, wurde dem Odin prophezeiet, er werde von der Rinda, der stolzen Königstochter im kalten Lande der Ruthenen, einen Sohn gewinnen, der die Blutrache an dem Mörder Balders vollziehen würde. Der Allvater des Himmels nahte der Rinda in der Gestalt einer heilkundigen Frau und erzeugte mit ihr den Frühlingsgott Wali. Von den Pfeilen, welche dieser von seinem eibenen Bogen schnellte, wurde Höder, der Gott des Winters, getötet.

Phol ende uuodan uuorun ziholza du uuart
demo balderes uolon sin uuoz birenkict
thu biguolen sinhtgunt · sunna era suister
thu biguolen friia uolla era suister thu
biguolen uuodan so he uuola conda
sose benrenki sose bluotrenki sose lidi
renki ben zi bena bluot zi bluoda
lid zi geliden sose gelimida sin

Abb. 2. Facsimile des Merseburger Zauberspruchs. Handschrift 10. Jahrh.

Nach den Dichtungen der älteren Edda wird Menglada, die Braut des Himmelsgottes Swipdagr, als Göttin der Gesundheit bezeichnet. Ihr und ihren neun Dienerinnen wurden zur Befreiung von Krankheiten und anderen Übeln im Sommer an geweihten Orten Opfer dargebracht. Wie aus den Namen der neun heilkundigen Jungfrauen hervorgeht, sind in diesen wohl die hervorragendsten weiblichen Eigenschaften personifiziert, während „Menglada" oder „Menglodh" wahrscheinlich eine Frau umschreibt, in der die weibliche Pflegerin und Helferin bei Krankheiten vergöttlicht ist.

In der jüngeren Edda ist die Asin Eir, die Gehilfin der Menglada, als Schutzgöttin der Heilkunst genannt.

Wie schon aus dem Gudrunliede vorhin ersichtlich wurde, galten weiter die „wilden wibe", unter denen übermenschliche Wald- und Meerfrauen, gleich den Nornen und Walküren, zu verstehen sind, für sehr erfahren in der Arzneikunst. Ähnlich wie diese niederen Gottheiten betrieben von den gewöhnlichen Sterblichen besonders die weisen Frauen, die Walen, die Heilung von Krankheiten. Es charakterisiert die Auffassung derselben, wenn man ihnen auch die Kunst der Zauberei und Weissagung beilegte. Dazu war ein Zaubermittel, das aus allerlei zauberkräftigen Dingen unter Hersagen von Spruch und Lied in einem Kessel gesotten wurde, erforderlich. Die kimbrischen Priesterinnen wahrsagten aus dem Blute der getöteten Gefangenen, das sie in ihren Zauberkesseln aufgefangen hatten. Die Wirkung des Zaubers oder des „Seidh" war nach den benutzten Mitteln verschieden. Nicht nur konnte man so die Sinnesart der Menschen in Liebe oder Haß verwandeln, sondern man verstand es nach altgermanischer Meinung auch, mit anderen Zaubermitteln einen Menschen in der Ferne in schweres Siechtum und Krankheit zu versetzen. Dieser Ansicht entsprechend sahen unsere Vorfahren die Krankheiten überhaupt als Verzauberungen oder als Strafen erzürnter, feindlicher Gottheiten an. Deswegen gehörte die Heilung mit zu den Obliegenheiten der Priester und Priesterinnen. Namentlich die linden Hände der Frauen galten als Heilung bringend. Da es bei den alten Germanen keinen in sich abgeschlossenen Stand von Priestern und Priesterinnen gab, so besorgten einen Teil der göttlichen Geschäfte, insbesondere die Heilkunst, eben die weisen Frauen, welche dazu in sich den Beruf fühlten. Strabo beschreibt die kimbrischen Priesterinnen als alte grauhaarige Weiber, welche in weißen leinenen Gewändern, umschlungen mit einem ehernen Gürtel, barfüßig einhergingen. Bei den nordischen weisen Frauen war die Kleidung dunkel und auch die Hände, Füße und der Kopf mit dieser bedeckt.

Zu den hauptsächlichsten Mitteln, welche die Walen oder weisen Frauen zur Heilung von Krankheiten benutzten, gehörten Besprechungen mit Liedern und heilkräftigen Sprüchen, mit Runen bedeckte Stäbe und an heiligen Stätten dargebrachte Opfer. Vereinzelt finden sich aus dem altgermanischen Heilschatze auch Kräutertränke, Salben, Pflaster, ja auch Wasserkuren erwähnt.

Nach der Einführung des Christentums in den deutschen Landen wurden alle Künste der weisen Frauen für heidnische Zauberei und

Abb. 3. Hexen nach mittelalterlicher Vorstellung.
Holzschnitt aus: Pauli, Schimpf und Ernst. Augsburg, Grüninger, 1533.

Abb. 4. Cosmas und Damian, die Schutzheiligen der Heilkunst. Holzschn. aus Schylhans, Wundarzneikunst. Straßburg, Schott, 1517.

Teufelsunfug erklärt und die Walen selbst später als Hexen verfolgt.

Übrigens übten nicht nur die weisen, sondern auch gewöhnliche Weiber bei den alten Germanen die Heilkunst aus. Daß es selbst königliche Frauen noch lange nicht für unwürdig hielten, sich damit abzugeben, zeigt eine Stelle in Gottfried von Straßburg's Tristan und Isolde:

„Isôt, die kunegin von Irlande:
diu erkennet maneger hande
wurze und aller kriute kraft
und arzâtliche meisterschaft,
diu kan eine disen list
und anders niemen, der der ist.“

Im frühesten Mittelalter gab es in Deutschland wohl nur an den Höfen der Könige wirkliche Ärzte. Diese hatten ihre Ausbildung meistens in Schulen des oströmischen Reiches erworben. So befand sich am Hofe des Frankenkönigs Chilperich der Archiater oder Leibarzt Petrus. Einige Zeit später, ganz am Ausgange des 6. Jahrhunderts, wird von einem Archiater Reovalis erzählt, der seine Operationen so vornahm, wie er dieselben in Konstantinopel kennen gelernt hatte. Das gewöhnliche Volk erhielt seine Krankenpflege in jenen Zeiten noch ganz allein von Juden, Schmieden, Scharfrichtern, Landfahrern und alten Weibern.

Im eigentlichen Mittelalter lag die Pflege aller höheren Kultur fast ausschließlich in den Händen der Kirche, der Geistlichen. Bei diesen, besonders in den Klöstern, fand daher auch die deutsche Arzneiwissenschaft ihre Pflegestätte. In den ersten Jahrhunderten des Christentums wurde wiederholt die Frage aufgeworfen, ob die Ausübung der Heilkunst nicht als ein Eingriff in den Willen Gottes aufzufassen sei, und die christliche Geistlichkeit verspürte ab und zu Neigung, die Heilkunst als eine gottlose Wissenschaft zu verbannen. Dafür, daß das Christentum und die Heilkunst sehr wohl mit einander vereinbar seien, ward jedoch meistens als Beweis angeführt, daß der Apostel Paulus im Briefe an die Colosser (4. 14) den ärztlichen Stand des St. Lukas bezeugt, indem er schreibt: „Es grüßt Euch der Arzt Lukas, der Geliebte.“ Der Verfasser des dritten Evangeliums und der Apostelgeschichte ward hierdurch zum wirklichen Beschützer der Arzneikunst. Anfangs stützten sich die geistlichen Ärzte in der Ausübung der Heilkunst vielfach auf die Bibel und nahmen an, daß die Krankheiten, die oft als eine Züchtigung Gottes angesehen wurden, durch bloßes Auflegen der Hände, durch Salben mit heiligen Ölen heilbar seien. Als besonders gute Ärzte galten die Ältesten der Gemeinde auf Grund eines Briefes des Jacobus (V. 14 u. 15): „Ist Jemand krank, der rufe zu sich die Ältesten der Gemeinde und lasse sie über sich beten und salben mit Öl in dem Namen des Herrn. Und das Gebet des Glaubens wird dem Kranken helfen und der Herr wird ihn aufrichten.“

Besonders viel Hilfe zur Genesung versprach man sich auch von Gebeten zu gewissen Schutzheiligen der katholischen Kirche. Als Schirmherren der Heilkunst stand das Brüderpaar Cosmas und Damian in Ansehen. Sie waren in Arabien im vierten Jahrhundert geboren und übten die Heilkunst in Aegäa in Cilicien mit der größten Uneigennützigkeit aus. Neben diesen hauptsächlichsten medizinischen Schutzheiligen bildete sich unter den

Abb. 5. Gebet zu S. Sebastian als Pestheiligen. Holzschnitt aus dem 15. Jahrhundert. Nürnberg, Germanisches Museum. Schr. 1678.

O Aller heyligister vater vñ großmechtiger nothelfer Dyonisi: ein erez bischoff vñ loblicher martrer. O du himelischer lerer: der von frãckreich apostel: vñ teutzscher landt gewaltiger regierer. Wehuet mich vor der erschrecklichen krancheit mala franzos genant: von welcher du ein grosse schar des christenlichen volks in franckreich erlelediget hast: So dy kosten das wasser des lebẽdigen prunnen der vnder deinẽ aller heiligisten korper entsprang: Wehuet mich vor diser geiwerlichen kranckheit: O aller genedigister vater Dyonisi: biß ich mein sundt mit dem ich got meinen herreñ belaidigt hab: pussen mug: vñ nach dysem lebẽ erlangen: dy freud der ewigẽ saligkeit: das verleich mir xp̄s iesus der dich in dẽ aller vinstersten kercker verschlossen trostlichen haym gesuechet: vñ mit seinẽ aller heiligisten leichnam vnd pluet dich speiset sprach: dy lieb vñ guttikait dy du hast zu mir al leczeit: dar vmb wer wirt bitten der wirt gewert: Welcher sey gebenedeit in ewigkait Amen.

Abb. 6. Gebet zu S. Dyonisius um Heilung von der Franzosenkrankheit. Regensburger (?) Flugblatt ca. 1500. München, Hofbibliothek.

Heiligen ein ganzes ärztliches Spezialistentum aus. Bei Pestseuchen vertraute man besonders auf die Fürbitten des St. Sebastian und des heiligen Rochus. Zum heiligen Levinus betete man bei Podagra und Lähmungen, dagegen zum heiligen Dionysius von Paris, der nach seiner Enthauptung noch mit seinem Kopfe in der Hand nach St. Denis gegangen sein soll, beim Auftreten der Franzosenkrankheit u. s. w.

Auch die heiligen drei Könige Caspar, Melchior und Balthasar wurden und werden viel als Helfer in Krankheitsnöten angerufen.

Nicht nur nach der Anschauung der alten Germanen, sondern auch nach manchen Erzählungen der Bibel war der Glaube an dämonische Besessenheit verbreitet, und viele Krankheiten galten als durch böse Geister erzeugt. Es gab deswegen in den ersten Jahrhunderten unserer Zeitrechnung auch einen Stand christlicher Exorzisten, welcher gegen Geisteskrankheiten und auch gegen körperliche Leiden Gebete und Beschwörungen mit Erfolg anwandte. Die berichteten Heilungen durch Exorzismus, bei dem ein von außen zugeführter starker Wille auf den gläubigen Kranken einwirkt, beruhen auf Suggestion.

Später benutzten die geistlichen Ärzte zu ihren Kuren vorwiegend den Arzneischatz und die medizinischen Methoden des Altertums und der Schule zu Salerno. Teilweise gelangten die geistlichen Mediziner zu den nötigen Kenntnissen durch Selbststudium von Arzneibüchern, teilweise bezogen sie ihre Arzneigelehrsamkeit aus den Klosterschulen. In diesen Schulen, in denen in den unteren Klassen die Lehrfächer unserer Lateinschulen getrieben wurden und deren höhere Klassen die Vorgänger unserer Universitäten waren, wurde auf Veranlassung Karls des Großen die Heilkunst unter dem Namen „Physica" gelehrt. Als Lehrbücher dienten die einzelner spätrömischer Schriftsteller und solche von christlichen Ärzten. Als früheste deutsche Klosterschulen sind zu nennen die zu Corvey, Fulda, Hirschau, Reichenau, Weißenburg und St. Gallen. Auf dem unter dem Abte Gozbert (816—837) entstandenen Plan zum Kloster St. Gallen ist neben dem Haus der Ärzte (Domus medicorum) ein Gemach für Schwerkranke (Locus valde infirmorum), eine Apotheke (Armarium pigmentorum) und ein Arzneikräutergarten (Herbularius) eingezeichnet. Letzterer ist in 16 Felder eingeteilt, und bei jedem dieser Beete ist die Pflanze genannt, die auf demselben gezogen werden soll. Ihre Namen sind Lilie, Salbey, Gartenrauté, Rose, Minze (Sisymbria), Römischer Kümmel, Liebesstock, Fenchel, Pfefferminze, Rosmarin, Bockshorn, Costo (Tanacetum balsamita?), Bohne, Satureja, Poley und Gladiolus. Ein großer Teil dieser Gewächse wird noch heute zur Verwendung in der Heilkunde angepflanzt. In dem Breviarium

Abb. 7. St. Rochus wird während seines Pestleidens von einem Hund mit Brot ernährt und von einem Engel gepflegt. P. L. Maldura in vitam S. Rochi contra pestem Epidemie. Mainz ca. 1480. Hain 10546.

Abb. 8. Gebet zu St. Minus gegen die Franzosenkrankheit. Holzschnitt von W. Hamer aus Nürnberg (1470—80). München, Kupferstichkabinet. Schr. 1632.

Karls des Großen findet sich ein Verzeichnis von 72 Pflanzen, die in jedem königlichen Garten gepflanzt werden sollten. Auch von diesen diente eine ganze Anzahl nur zu Heilzwecken. Ein poetisches Zeichen dafür, daß Medizin und Botanik in den deutschen Landen erwachten, ist das lateinische hexametrische Gedicht „Hortulus", das der Abt des Klosters Reichenau, Walafridus Strabus oder Strabo (806—849), verfaßte. In demselben wird die arzneiliche Verwendung von 23 Gartenpflanzen nach den Angaben der Schriftsteller des klassischen Altertums besprochen. Ein ähnliches in den deutschen Kräuterbüchern des Mittelalters viel erwähntes Lehrgedicht über die Heilkräfte der Pflanzen ist das im 10. oder 11. Jahrhundert unter dem Namen „Macer floridus" erschienene. Der Verfasser scheint ein Geistlicher aus Burgund gewesen zu sein. In den deutschen Kräuterbüchern des Mittelalters finden sich meistens fabelhafte Angaben über die Wirkung von Steinen. Diese sind fast immer dem Lehrgedichte über Steine des Marbodus (1123†), der Bischof in Rennes in der Bretagne war, entnommen.

Im dreizehnten und vierzehnten Jahrhundert schrieben sehr verbreitete medizinisch-naturwissenschaftliche Werke die deutschen Kleriker Albert der Große, Graf von Bollstädt und Konrad Megenberg. Wenn auch gewisse Mönchs- und Nonnenorden sowie auch manche Geistliche die Krankenpflege als Werk der Barmherzigkeit berufsmäßig betrieben, so waren doch wirklich wissenschaftlich als Ärzte ausgebildete Geistliche in Deutschland bis zum 13. Jahrhundert nicht sehr zahlreich. Aus Mißachtung des ärztlichen Standes untersagte Papst Honorius III. im Anfange des 13. Jahrhunderts allen Geistlichen die Ausübung der Heilkunde. Dieses Verbot scheint jedoch nicht allgemein zur Geltung gelangt zu sein, denn im Beginne des 16. Jahrhunderts eifert noch der Straßburger Prediger Geiler von Kaisersberg gegen die Ausübung der Heilkunst durch Geistliche:

„Du fragst, was schadens kumpt davon, wan ein priester sich artzney annymt. Ich sprich, das vil schaden davon kumpt. — Der erst schad ist todschlag, das die menschen umbracht werden, wan warumb zuo eim artzet gehoertt große kunst und große trüw. Er muoß gelert sein und trüw. Sag mir eins: wa hat es der priester gelert, kein priester hat kein zügniß von keiner hohen schuol, das er in der kunst gestudiert hab, wer wolt es in gelert haben!" Zum Schlusse sagt Geiler von dem Geistlichen: „Er sol ein artzet der selen sein und nit des leibs."

Auf der Würzburger Diözesan-Synode vom Jahre 1298 ward der Geistlichkeit die Ausübung der Wundarzneikunst und sogar auch die Gegenwart bei chirurgischen Operationen ausdrücklich untersagt. Durch solche Verbote wurde die Wundheilkunst mit einem Makel befleckt und die Abtrennung derselben von der inneren Medizin angebahnt. Durch die Stellung, welche die Kirche selbst in der zweiten Hälfte des Mittelalters zur Arzneikunst einnahm, gelangte diese wieder allgemeiner in die Hände weltlicher, nunmehr akademisch gebildeter Ärzte.

Wenn in den deutschen Landen von den Fürsten auch schon früh vereinzelt fachmännisch gebildete Archiatri oder Leibärzte gehalten wurden, so entstammten diese doch meistens dem Auslande. Von einem deutschen Stande akademisch gebildeter Heilkünstler, welche, von dem Worte Archiater abgeleitet, als Ärzte bezeichnet werden, ist vor dem 12. Jahrhundert kaum die Rede. Erst als in Deutschland volkreiche Städte entstanden waren, konnte eine Teilung der zur Heilung von Krankheiten erforderlichen Arbeiten stattfinden. Im Jahre 1224 erließ der Enkel Kaiser Barbarossas, der Hohenstaufe Friedrich II., der in Jesi in Süditalien geboren war, zunächst für sein italienisches Geburtsland ein Medizinalgesetz, in dem bereits das Studium, die Prüfung und die Bezahlung des Arztes sowie sein Verhältnis zum Apotheker geregelt und geordnet wird. Im vierzehnten Jahrhundert war die Trennung der inneren Medizin von der Wundheilkunst bereits vollzogen und diese beiden Künste wurden seitdem von zwei verschiedenen Ständen betrieben. Desgleichen übernahm zu derselben Zeit in Deutschland der Stand der Apotheker die Obliegenheiten der Arzneibereitung.

Bis zum 14. Jahrhundert gab es in Deutschland noch keine Hochschule, auf der die medizinischen Wissenschaften gelehrt wurden, und die deutschen Ärzte suchten bis ins 15. Jahrhundert hinein ihre Fachausbildung in Italien und Frankreich. Vom 10. bis zum 13. Jahrhundert war Salerno südlich von Neapel die wichtigste Hochschule des Abendlandes, auf der höhere ärztliche Bildung erworben werden konnte. Wie eine Chronik erzählt, war dieselbe gemeinsam von einem Griechen, einem Lateiner, einem jüdischen Rabbi und einem Araber im neunten Jahrhundert gegründet. Nicht nur Männer, sondern auch Frauen und Jungfrauen wurden zur Erlernung der Heilkunde zugelassen. Mehrere von

Abb. 9. Arzt oder Apotheker. Holzschnitt aus Meister Stephan's Schachbuch. Lübeck. o. J. ca. 1480. Hain 4898.

Abb. 10. Hippokrates, Galenus und andere Meister der Heilkunst. Holzschnitt aus: O. Brunnfels, Catalogus illustr. medicorum. Straßburg, Schott, 1530.

diesen traten selbst als Lehrerinnen und Schriftstellerinnen auf und erwarben sich als solche ein hohes Ansehen. Ihrem, freien weltlichen Charakter verdankte die Hochschule von Salerno, welche den Beinamen „Civitas Hippocratica" führte, Jahrhunderte lang einen hohen Ruf. Wie sehr dieser auch in Deutschland verbreitet war, zeigt sich in dem im 12. Jahrhundert verfaßten Reinhart Fuchs. Nach diesem überbrachte Reinecke dem König der Tiere medizinische Ratschläge von dem „meister Bendin, ein arzet von Salerne": „herre, ich was ze Salerne, darumbe daz ich gerne iu hülfe von diesem siechtagen .... iu enbiutet meister Bendin, daz ir iuch niht sult vergezzen, irn sult tegeliche ezzen dirre lactwerjen, die'r iu hat gesant." Unter der Herrschaft des Hauses Anjou im vierzehnten Jahrhundert welkte der Ruhm der einst so blühenden Hochschule dahin.

Vom 13. bis zum 15. Jahrhundert fand die Medizin in erster Linie ihre Pflegestätte auf den Hochschulen zu Montpellier, Paris, Bologna und Padua, während die deutschen Universitäten bis zum Anfange des 15. Jahrhunderts wenig Bedeutung hatten. Für den Bildungsgang der Mediziner waren aber überall auf den Universitäten die Einrichtungen von Salerno vorbildlich.

Nach der Medizinalordnung Friedrich II. mußten die Ärzte in Salerno acht Jahre studieren.

Zunächst traten die Studenten im Alter von etwa 14 Jahren in die artistische Fakultät, in der sie drei Jahre lang eine sprachlich-philosophische Vorbildung, ähnlich wie auf unseren Gymnasien, erhielten. Im Vordergrunde des Unterrichtes stand das Latein, das zwar dem des klassischen Altertums sehr wenig entsprach, indessen bis zum 18. Jahrhundert überall auf den Universitäten die Unterrichtssprache war. An diese schloß sich der Unterricht in Rhetorik, Philosophie und Logik:

„Da wird der Geist Euch wohl dressiert,
In spanische Stiefel eingeschnürt,
Daß er bedächtiger so fortan
Hinschleiche die Gedankenbahn."

Alsdann befaßte sich der Student mit dem Studium der mathematisch-naturwissenschaftlichen Fächer, als da sind Arithmetik, Geometrie und Astronomie und begann das eigentliche medizinische Fachstudium. Die wichtigste Aufgabe für letzteres war es, sich mit den Schriften des Hippokrates, von denen man nur vereinzelte kannte, und mit den Werken des Galenus, Aristoteles, Dioskorides, Plinius und später auch mit denen der arabischen Ärzte Avicenna, Rhazes, Mesue, Serapion u. s. w. und den Büchern byzantinischer und abendländischer Meister, wie Philaretos, Nicolaus Präpositus, Egidius von Corbeil u. s. w. bekannt zu machen. Als Lehrer wirkten in Salerno und später auch an anderen Universitäten besoldete Professoren mit Beihilfe der Baccalarien ohne Honorarforderungen. Der medizinische Unterricht begann mit der Theorie, in der ein allgemeiner Begriff von der Wissenschaft gegeben wurde. Alsdann folgte Physiologie und Anatomie, die Lehre von der Gesundheit und ihrer Erhaltung, die Zeichenlehre durch Beobachtung des Pulses und des Urins und die Arzneimittelkenntnis. Nach drei, an einigen späteren Universitäten nach zwei Jahren, erwarb sich der Student die Würde des

Baccalareats. Dieses entspricht also etwa dem heutigen medizinischen Physikum. Der Name Baccalareus oder Bachalarius (nicht Baccalaureus) ist wahrscheinlich vom französischen bas chevalier, Knappe, abgeleitet. Wann diese Bezeichnung im Universitätswesen in Aufnahme kam, ist zweifelhaft. Im 13. Jahrhundert stiftete Gregor IX. das erste Baccalareat für die Universität zu Paris. Der Baccalareus hatte die jungen Studenten mit zu unterrichten und studierte alsdann namentlich die Schriften des Hippokrates und Galenus, die Arzneimittellehre und die praktische Behandlung der Krankheiten.

Zur Ausbildung der Ärzte gehörte es, daß dieselben auf der Universität regelmäßig einmal in jeder Woche, nachdem sie das Baccalareat erlangt hatten, mit ihren medizinischen Lehrern über eine wissenschaftliche Frage disputierten. Nicht selten arteten diese Disputationen in scherzhafte Unterhaltungen aus, und die Fragen wie die, ob Adam einen Nabel gehabt habe, waren oft zwecklos.

Die Vorlesungen nahmen die Zeit der Studierenden meistens nur für etwa drei Morgenstunden in Anspruch. Der Nachmittag und sonstige freie Zeit blieb für Privatstudien. An gewissen Tagen der Woche und in den Sommermonaten fiel dieser Unterricht ganz aus. Der medizinische Baccalareus mußte mindestens während acht Sommermonaten unter Aufsicht eines medizinischen Meisters die ärztliche Praxis mit ausüben. Frühestens zwei Jahre nach Erlangung des Baccalareats folgte dann ein strenges Examen zur Erreichung der Lizenz. Wenn dieses Staatsexamen glücklich gemacht war, hatte der Lizentiat zur Erlangung der Magister- oder Doktorwürde noch eine feierliche Disputation über einen medizinischen Gegenstand zu bestehen. Als Zulassungsbedingung zum Doktorat wurde Unbescholtenheit, eheliche Geburt und gesunder Körperbau verlangt. Die Gebräuche bei der Erteilung der Doktorwürde waren weltlicher und kirchlicher Art. Der junge Doktor empfing feierlichst als Zeichen seiner neuen Würde das viereckige Barett, den Ring und das Buch des Hippokrates und durfte von nun ab im langen Talar einherstolzieren. Derjenige der medizinischen Lehrer war rot. Die Feierlichkeiten der Promotion endeten mit dem Doktorschmaus und waren recht teuer. Mit dieser Würde war das Recht der medizinischen Lehrthätigkeit verknüpft und der junge Doktor war auf Erfordern der Fakultät zu dieser verpflichtet. In dieser Zeit übte er sich bei einem Arzte, als dessen Gehilfe,

Abb. 11. Harnbeschauender Arzt am Krankenbett. Holzschnitt aus: H. Brunschwig, das Buch der waren Kunst zu destillieren die zusammen gethanen Ding. Straßburg, Grüninger, 1512.

Abb. 12. Harnbeschauender Arzt. Holzschnitt aus: Joh. de Cuba, Garten der Gesundheit. Mainz, Schöffer, 1485.

meistens in der Praxis. Gewöhnlich verging hiermit bis zur Selbständigkeit mindestens noch ein Jahr. Ebenso wie die Professoren hielten die unbesoldeten Doktoren ihre Vorlesungen in ihrer eigenen Wohnung oder in gemieteten Räumen. Die besoldeten Professoren an den italienischen Universitäten lasen ohne Honorarforderung, während die nicht angestellten Doktoren eine Zahlung von den Studenten für ihren Unterricht beanspruchten. Der letztere lief namentlich darauf hinaus, daß die Lehrer ihren Schülern die Werke der vorhin genannten Meister auslegten und erklärten. Auch die Anatomie ward eigentlich nur aus Büchern und höchstens nach den Kadavern von Tieren, insbesondere von Schweinen, gelehrt. (Abb. 25.) Der starre Autoritätsglauben, den man den medizinischen Schriften des klassischen Altertums entgegenbrachte, hinderte jede freie Forschung.

Solange das Papier noch so teuer war, geschah das Nachschreiben der Vorträge nur in gekürzter Weise auf Wachstafeln, und die Hörsäle waren zum Schreiben nicht eingerichtet. Auf den bildlichen Darstellungen der Schule zu Salerno, welche allerdings erst aus dem 16. Jahrhundert stammen, sieht man in den Lehrräumen zwar Bänke, aber keine Tische und keinen Katheder. Der medizinische Professor sitzt vor seinen Schülern auf einem Sessel mit Kissen und hält in der Hand das Buch, aus welchem er vorträgt.

Die größte Hochachtung brachte man dem alten Hippokrates entgegen, der im Jahre 460 v. Chr. auf der Insel Kos geboren war. Man kannte von ihm im Mittelalter nur seine Hauptwerke; insbesondere die Aphorismi, Prognostica und sein Regimen acutorum. Von ihm rührt die Humoralpathologie her, die von Galenus weiter ausgebaut war, und zu der sich die Salernitaner bekannten. Dieselbe stützt sich auf die Annahme der vier alten Elemente.

Diese vier Grundstoffe der griechischen Philosophen waren nicht, wie die Elemente der heutigen Chemie, isolierbare, materielle Urstoffe, sondern bezeichneten nur Elementarzustände und Ureigenschaften der Körper. Der Zustand der gleichzeitigen Trockenheit und Hitze wurde als Feuer, der Hitze und Feuchtigkeit als Luft, der Feuchtigkeit und Kälte als Wasser, der Kälte und Trockenheit als Erde angesehen. Man nahm an, daß Körper mit

Abb. 13. Harnbeschauender Arzt.
Holzschnitt aus: Tallat, Artzneybüchlein. Augsburg, Froschauer, 1502.

Abb. 14. Harnbeschauender Arzt u. Wundarzt. Holzschn. aus: Rodericus Zamorensis, Spiegel des menschlichen Lebens. Augsburg, Bämler, 1479.

solchen sich bei der Tastung bemerkbar machenden Eigenschaften gewisse Träger von einheitlicher Natur und gleicher Beschaffenheit enthalten müßten. Im Ganzen war die Begriffsbestimmung dieser alten Elemente indessen stets etwas verschwommen, und sie erlitten daher im Laufe der Zeiten oft eine verschiedene Deutung. Aus diesen vier Ureigenschaften der Körper entwickelte Hippokrates seine vier Kardinalsäfte des Menschen: Blut, Schleim, gelbe und schwarze Galle. Er lehrte: Wenn diese Säfte im Menschen normal beschaffen und richtig gemischt sind, so befindet er sich gesund, während im entgegengesetzten Falle Krankheiten entstehen. Zur Heilung der Krankheiten aber müsse die Harmonie der Säfte und auch deren Reinheit wieder hergestellt werden.

Aus der Art und Weise und der gewichtlichen Menge, wie diese Elemente und Säfte in dem Menschen gemischt waren, erklärte man die verschiedenen Temperamente: Choleriker, Melancholiker, Sanguiniker und Phlegmatiker. Diese „Komplexionen" spielten in der mittelalterlichen Heilkunst eine sehr wichtige Rolle, da ihnen entsprechend die nach Graden und Qualitäten eingeteilten Arzneimittel ausgewählt werden mußten.

Ein Hauptgrundsatz des Hippokrates war es, daß die Natur der Arzt der Krankheiten sein müsse.

Um diese nicht zu stören, verhielt sich die ärztliche Behandlung der Griechen unter Beobachtung strenger, passender Diät zunächst abwartend. Demnach legte auch die salernitanische Schule auf die Diätetik ein viel größeres Gewicht als die heutige Medizin. In Salerno betrieb man vorwiegend die praktische Seite der Heilkunst. Es wurde deswegen die Diagnostik, die Behandlung und Arzneimittellehre dort mehr gepflegt als die Physiologie und die Anatomie.

Die wichtigsten Werke, die von der Schule zu Salerno stammen, sind das „Compendium salernitanum" und das „Regimen sanitatis". Das Compendium ist ein von verschiedenen Ärzten gemeinsam verfaßtes Werk, welches alle Lehren der Medizin und insbesondere ausführlich die Regeln vom Fieber, Aderlaß, Puls und Urin bespricht. Mitarbeiter an diesem Werke des 12. Jahrhunderts war unter Anderen Bartholomäus Ferrarius. Eine vielleicht schon aus dem dreizehnten oder vierzehnten Jahrhundert stammende, in mittel-

Abb. 15. Harnbeschauender Arzt. Holzschnitt aus: Hortus sanitatis. Straßburg, Joh. Pryß. ca. 1498.

Abb. 16. Verspottung des Arztes. Holzschnitt aus einem Augsburger Flugblatt. 16. Jahrhundert. Gotha, Kupferstichkabinet.

deutscher Sprache verfaßte Papierhandschrift, welche betitelt ist: „Angebliche Practica des Bartholomäus von Salerno", bietet Auszüge aus diesem Werke. „Van der wedaghe des houedes" (von den Kopfschmerzen) heißt es: „Wan ener wedaghe des houedes, de is ghebeten emigrania, alzo de bose materie upstiget in dat houet unde begrypet eme dat vorhouet, lat eme de houet aderen, de dar ys up deme dumen, und nym aloe, dat is in der apoteken, eyn lot unde to wriff dat unde do darto rozenolye unde ettik (Attich) unde menge dat tosamende unde bestrik dat vorhouet darmede. Dusse salve vordrift eme alle de suke, de eme gramen."

Abb. 17. Harnbeschauender Arzt. Holzschnitt aus: Rudimentum Noviciorum. Lübeck, Brandis, 1475.

Das Regimen sanitatis ist ein lateinisches, in leoninischen Versen verfaßtes Lehrgedicht, das diätetische Maßregeln, die Wirkung von Arzneistoffen, die Lehren des Aderlasses und dergleichen bespricht. Es ist dem englischen Kronbewerber Prinzen Robert, der, von Palästina kommend,. sich im Jahre 1111 in Salerno eine schlecht behandelte Armwunde heilen ließ, gewidmet. Schon früh und sehr oft wurden die salernitanischen Gesundheitsregeln in fremde Sprachen übersetzt. In Deutschland erschienen von denselben von ungenannten Verfassern schon im 15. Jahrhundert Übersetzungen.

Eine solche stammt vom Jahre 1443 und beginnt:

„Dy meyster der Schul Solern weyt bekannt
Schreyp dem Konige von engillant
Dis kegin wertige arczt buchelein,
Wy de mensche bewar das leben sein.

Wiltu haben deyn hercz gesunt,
Wiltu starg seyn und mit sichtum unvorwunt,
Bis frolich, zorn laß vor dich gan
Groß sorgen soltu varen lan."

Die vielen deutschen Übersetzungen verschiedener Jahrhunderte bezeugen, daß die salernitanischen Gesundheitsregeln in Deutschland sehr lange beliebt waren und höher im Ansehen standen als jemals irgend ein anderes medizinisches Werk.

Bei der Krankheitsbestimmung und bei der Voraussage des Verlaufes des Leidens wurde ein übertrieben großer Wert auf das Pulsfühlen und die Besichtigung des Harns gelegt. Im Mittelalter ließen sich die Ärzte deswegen vielfach auf das Schild ihres Hauses ein Harnglas zur Anlockung der Kranken malen. Auch auf den bildlichen Darstellungen des Arztes ist dieser fast stets durch ein kelchartiges Urinal, in dem er den Harn einer Prüfung unterzieht, gekennzeichnet. Auf dem obenstehenden Bilde sieht man einen Ziegenbock bei einem als Arzt charakterisierten Kater sich Rat holen. In der vorhin genannten Practica befaßt sich ein Kapitel damit, „wo men dat water beseen schal". In neuhochdeutscher Übersetzung heißt es: „Wenn du wissen willst, welche Sucht der Mensch hat, so sollst du dies erkennen an der Farbe des Harns, der von dem Menschen kommt. Ist der Harn rot und dick, das bedeutet, daß der Mensch ein Sanguinicus ist, das Blut rechte Kraft hat und daß er gute Farbe des Leibes hat. Ist der Harn dünn und rot, das bedeutet, daß der Mensch ist ein Colericus; dieser hat des Blutes zuviel und zu wenig Feuchtigkeit von dem Wasser. Dieser muß notwendig jähzornig sein, da die Galle so stark in ihm brennt, daß die Feuchtigkeit ihr nicht widerstehen kann u. s. w." Im Mittelalter, bis in die neuere Zeit hinein, stützte sich oft die ganze Heilbehandlung allein auf solche ganz unsichere Besichtigung des Harns und artete zu vollständigem Schwindel und Betrug aus. So lehrte Arnoldus Villanovanus, der um das Jahr 1300 in Montpellier als medizinischer Lehrer wirkte: „Weißt du bei Betrachtung des Urins nichts zu finden, so sage, es sei eine „Obstruktion" der Leber zugegen. Sagt nun der Kranke, er leide an Kopfschmerzen, so mußt du sagen, sie stammen aus der Leber. Besonders aber gebrauche das Wort „Obstruktion", weil sie es nicht verstehen, und es kommt viel darauf an, daß sie es nicht wissen, was man spricht".

Im elften Jahrhundert war Constantinus Afrikanus aus Karthago, der auf der Schule zu Kairo ausgebildet war, Lehrer an der Schule zu Salerno. Derselbe übersetzte eine große Anzahl Schriften arabischer Ärzte in's Lateinische, überarbeitete sie und machte sie damit der abendländischen Christenwelt zugängig. Hierdurch trat in der zweiten Hälfte des Mittelalters der Arabismus sehr in den Vordergrund. Zu dieser Zeit spielten bei der Behandlung von Krankheiten die Abführmittel und Blutentziehungen eine große Rolle. Das Schröpfen und Aderlassen war indessen nicht die Sache der Leibärzte, sondern der Wundärzte.

Zur Zeit als die arabische Medizin fast ganz das Übergewicht erlangt hatte, trat die medizinische Wissenschaft der Lehrer zu Montpellier bis ins 14. Jahrhundert hinein für das christliche Abendland an die erste Stelle. Während man sich in Salerno einfach streng an die überlieferten Lehren der alten Meister hielt und ihre geistige Überlegenheit unbedingt anerkannte, betrieben die Ärzte von Montpellier die Medizin nach den Methoden der damals in Blüte stehenden Scholastik. Unter Zugrundelegung der zu jener Zeit durch lateinische Übersetzungen bekannt gewordenen metaphysischen und physischen Schriften des Aristoteles versuchte man auch die medizinischen Fragen durch eine Kombination von Begriffen, so zu sagen auf mechanischem Wege zu lösen. Die Medizin artete hierdurch in eine spitzfindige, im Allgemeinen unfruchtbare, zänkische Disputiersucht aus, welcher die Ärzte Salerno's die Berechtigung bestritten. Der auf der letzteren Hochschule ausgebildete Pariser Arzt Aegidius von Corbeil (um 1200) sagt von seinen Fachgenossen der Schule von Montpellier (Mons Pessulanus):

Abb. 18. Arzt bei der Harnschau. Holzschn. aus dem Hortus sanitatis: „Gharde der suntheit." Lübeck, Stephan Arndes, 1492.

„Mürrisch und bissig und hitzig und polternd und eitel erscheint der,
Wer sich nährt mit kraftlosem Lolch und rohem Gemengsel,
Auf sich bläht, den Pessulas irrende Schule verführet."

Abb. 19. Harnbeschauender Arzt. Holzschnitt aus: Eyn nyge kalender recht hollende. Lübeck, Stephan Arndes, 1519.

Wenn die Scholastiker für eine Entwicklung der medizinischen Wissenschaft direkt auch nicht gerade fruchtbar waren, so wagten sie es doch zuerst an dem starren Autoritätsglauben zu rütteln. Hierdurch wurde ein wenig jener freidenkende Geist der folgenden Jahrhunderte vorbereitet, der zu wissenschaftlichen Forschungen und Fortschritten erforderlich war.

Die Stellung der studierten Ärzte war im Mittelalter, wie auch später, eine sehr geachtete, so daß es sich die ehrbaren Familien zum Ruhme anrechneten, einen Magister zu ihren Angehörigen zu zählen. Geiler von Kaisersberg schreibt: „Ist nomen ein ritter oder doctor in eim geschlecht, man spricht, das ist unßer docterlin, das ist unßer ritter." Weiter sagt er: „Wenn das magisterium und das doctorat ist ein gezügniß von der schuol oder von der oberkeit, das er sich geschrift gebrücht hett. Wenn einer spricht, ich habs von eim doctor gehoert, so gibt er im me glauben, denn hatt er's gehoert von eim andren, der nit doctor war."

Wie heute, hatte der jugendliche Doktor beim Volke übrigens natürlich nicht gleich dasselbe Vertrauen wie der alte, durch Erfahrung gereifte Arzt. Zum Ausdruck kommt dies in verschiedenen alten deutschen Sprichwörtern, in denen jugendliche Ärzte als Verbündete der Totengräber bezeichnet werden.

„Junger Arzt, höckriger
Kirchhof,"

oder

„Ein junger Arzt muß drei
Kirchhöfe haben."

Im Mittelalter, wie auch noch später immer, sah man deswegen bei der Anstellung der Ärzte darauf, daß diese die nötige Erfahrung hatten. In einem Eintrage des Nürnberger Ratsbuches vom 8. April 1553 heißt es: „Herrn Wolffgang Ludwigen der Ertzney doctor sol man sein supplicirende bit umb dienstgelt und gestattung, das er hie practicieren müg, in ansehung das er noch gar jung und unerfahren, mit guten worten ablayen, mit anzoug, sich zuvor etwan in ainem kleinen Stetlein anzurichten und zu practicieren, biß er zu ainer merern erfahrung kumen und seinen stand paß vorsteen müg."

Die ältesten uns überlieferten deutschen Medizinalordnungen, welche sich mit der Verpflichtung und Reglementierung der Ärzte befassen, stammen aus dem 14. Jahrhundert. So erließ der Nürnberger Rat um 1350 folgende Ärzteordnung: „Man hat auch gesetzet, daz alle ertzet, swie sie genannt sint, die ertzney hie pflegen wollen, suln alle sweren, also daz si alle sichen bewaren suln, so si peste mugen und kunnen ane geverde, und suln auch zitlich und bescheidentlich lone nemen von den burgern und suln auch selbe dehaine Recept machen weder von Syrupel noch suste, wan si alle Recept von den apoteken nemen suln, und dehaine recept suln si hoher rechen, danne als si ez von der apoteken nemen, und suln dehaine würtze hoher rechen, danne als si si kaufen, bei denselben aide, und wer der ertzney hie pflegen wolte und darüber nicht gesworen hat, der muz 5 ℔. Haller (zahlen.)

Eine ähnliche Verordnung findet sich in den Konstanzer Ratsbüchern vom Jahre 1387. Im Jahre 1426 gab Kaiser Sigismund auf der Kirchenversammlung zu Basel ein Gesetz, durch das die deutschen Reichsstädte verpflichtet wurden, besoldete Meister-Ärzte oder Stadt-Physici zu halten: „Item es soll auch gewöhnlichen in jeder Reichs-Stadt ein Meister-Arzt seyn: der soll haben 100 Gulden Geldes, die mag er nießen von einer Kirchen, das ward geordnet im Concilio Lugdunensi: also daß demnach die kirch keinen gepresten hab und besser in der Ordnung stehe. Und soll menniglich arznenen umbsonst, und soll sein Pfründ verdienen ernstlich und getreuelich. Wol was man köstlich Ding aus der Appentek haben muß, soll man bezahlen; aber von den Armen soll man nichts nehmen darum, daß er sein Pfründ neußet. Denn die hohen Meister in der Physica dienen niemand umbsunst, darum fahren sie in die Hell."

Weil die Zahl der studierten Ärzte bis ins 15. Jahrhundert in den deutschen Landen nicht sehr groß war, so wurde die hier vorgeschriebene Anstellung von besoldeten Ärzten, um solche heranzuziehen, in vielen deutschen Städten schon lange vor dieser Zeit üblich. Für das gezahlte Gehalt hatten sie die Behandlung ärmerer Kranker, die behördliche Untersuchung von Sondersiechen, die Beaufsichtigung der Apotheken u. s. w. zu besorgen.

In Nürnberg sind in den Stadtrechnungen, welche seit 1377 erhalten sind, bereits im 14. Jahrhundert besoldete Ärzte angegeben. 1377 wird ein „magister Petrus, medicus noster" mit einer vierteljährlichen Besoldung von 11½ fl. und weiter „magister Karolus, medicus", der vierteljährlich 40 fl. bekam, und endlich „Johannes, der stat artzt" der für die vier Quatember 50 fl. erhielt, aufgeführt.

Die Leibärzte erhielten häufig neben ihrem Gehalt noch Naturalien geliefert, zuweilen wurden ihnen für die Fuhren in ihrer Praxis auch Pferde gestellt.

So z. B. bekam der Leibarzt des Grafen Ulrich von Württemberg im Jahre 1457 baar 171 Mark, je 12 Malter Korn und Spelz, 6 Ohm Wein und 30 Malter Hafer, letzteren zum Unterhalt der Praxispferde (Baas). Die meisten angestellten Ärzte betrieben ebenso wie die nicht bestallten gegen Honorar noch die Privatpraxis. Im Mittelalter scheint die Bezahlung der Ärzte oft nicht schlecht gewesen zu sein. Ersichtlich macht dies für die Zeit um 1200 eine Stelle im Nibelungen-Liede:

„Die erzenie kunden, den bôt man richen solt,
silber âne wâge, dar zuo daz liehte golt,
daz sie die helde nerten nâch des strites nôt."

Abb. 20. Arzt mit dem Harnglas. Holzschnitt aus: Megenberg, Buch der Natur. Augsburg, Bämler, 1478.

Nach der Taxe, welche Friedrich II. hatte aufstellen lassen, durfte der Arzt für die Behandlung eines Kranken jeden Tag 60 Pfennig fordern. Es waren hierfür täglich mehrmals Besuche zu machen. Um die Höhe der Bezahlung recht würdigen zu können, muß man im Auge behalten, daß der Geldwert damals und noch im Anfang des 16. Jahrhunderts mindestens ein zehnmal höherer als heute war. In besonderen Fällen vereinbarten die Ärzte mit dem Kranken vor der Übernahme der Behandlung den Preis derselben. Nicht selten hatten sie Schwierigkeiten, von ihren Patienten die verdiente Belohnung zu bekommen. Ein Vers der Schule zu Salerno rät deswegen:

„Zittern Kranke um ihr Leben,
Ist noch ein Prozeß im Schweben,
Dann treib zur Bezahlung an;
Ist die Krankheit überstanden,
Der Prozeß nicht mehr vorhanden,
Will an's Zahlen Niemand dran."

Eyn schone Arstedyge boeck van allerleye ghebreck vnnde kranckheyden der mynschen.

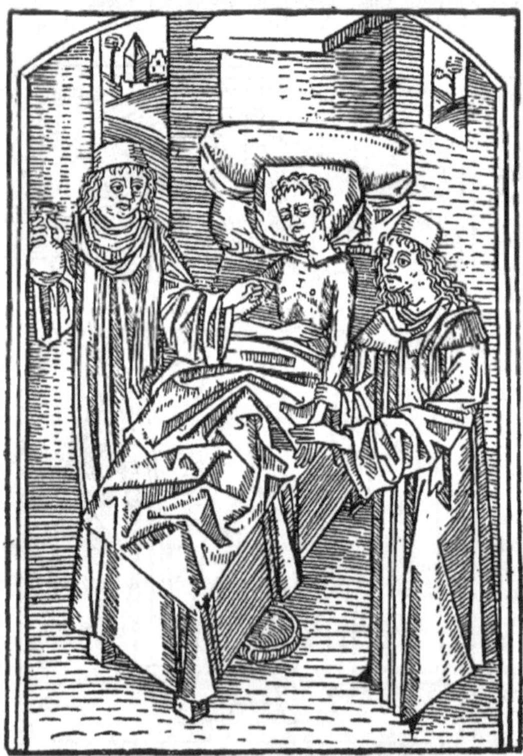

Abb. 21. Pulsfühlen. Titelholzschnitt aus einem Arzneibuch. Lübeck 1483. Von Muther nicht beschrieben.

Weil die Heilkunst in den Klosterschulen unter dem Namen „Physica" gelehrt wurde, nannte man im Mittelalter die Ärzte „Physici civitatis." Es liegt im Ausdrucke „Physicus" nicht immer der Beweis für die amtliche Eigenschaft eines Arztes. Im Mittelalter hieß jeder studierte Arzt Magister in physica oder Medicus. Man nannte die Ärzte für die inneren Krankheiten Leibärzte, Bauchärzte oder auch schlechtweg Ärzte, während man die für äußere Leiden als Wundärzte oder als Schneidärzte bezeichnete. Auch unter den letzteren waren schon vereinzelt studierte Leute.

In derselben Zeit waren jüdische Ärzte nicht selten. Bei der verachteten Stellung, welche die Juden damals allgemein einnahmen, suchten sich die christlichen Ärzte von diesen fernzuhalten. Die Kirche erklärte die Zuflucht zu einem jüdischen Arzt geradezu für eine Sünde. Geiler von Kaisersberg sagt: „etliche, die lauffen zu den Henckmessigen Juden unnd bringen ihn den harn, und fragen sie umb rath. Welches doch hoch verbotten ist, das man kein Artzeney sol von den Juden gebrauchen, es sey den sach, das man sonst kein Artzet mag gehaben." So

Abb. 22. Der Arzt mit einem Arzeneibecher und einer Pflegerin am Krankenbett.
Holzschnitt aus: Cicero, De officiis. Augsburg, Steyner, 1531.

standen in der Vorzeit die jüdischen Ärzte ebensowenig wie ihre anderen Glaubensgenossen in großem Ansehen. Da sie aber oft wegen ihrer Tüchtigkeit sehr gerühmt wurden, so hielten sich selbst Päpste jüdische Leibärzte.

Wie man aus der vorhin mitgeteilten Nürnberger Ordnung des 14. Jahrhunderts ersieht, nahmen die Ärzte die Arzneien selbst aus der Apotheke und überbrachten sie den Leidenden. Auf bildlichen Darstellungen sieht man deswegen oft den Arzt, wie er seinem Kranken den Arzneibecher überreicht. Diese Becher waren meistens von Zinn oder auch von Silber und wurden nach dem Gebrauche in die Apotheke zurückgeliefert.

Da das Papier aus Lumpen erst seit dem 14. Jahrhundert in Deutschland selbst gefertigt wurde, so war es während des ganzen Mittelalters noch recht teuer. Aus diesem Grunde übergaben die Ärzte ihre Verordnungen den Apothekern noch nicht schriftlich auf Rezeptblättern, sondern teilten die einzelnen Bestandteile ihrer Arzneiverordnungen mündlich mit. Auf den Abbildungen mittelalterlicher Apotheken sieht man in denselben den Arzt meistens eingezeichnet mit einem Stocke in der Hand, mit dem er auf die Standgefäße der von ihm gewünschten Arzneistoffe deutet. (Abb. 29.)

Um eine Einschleppung von Seuchen durch Fremdlinge möglichst zu verhüten, wurden in Venedig schon, seit der schwarze Tod in den

Jahren 1348 — 1350 in Europa so sehr gehaust hatte, Fremdlinge bei ihrer Ankunft im Hafen längere Zeit ärztlich in Bezug auf ihre Gesundheit beobachtet. Da Moses und Christus sich zu ihrer seelischen Reinigung 40 Tage lang in der Wüste absonderten, setzte man zur leiblichen Reinigung der Fremdlinge gleichfalls eine Zeit von 40 Tagen an und nannte diese Beobachtung hiernach Quarantäne. Solche wurde in den deutschen Städten beim Ausbruch von Seuchen auch im Mittelalter schon eingeführt. Als während der Kreuzzüge im 12. Jahrhundert der Aussatz in Europa stark ausbrach, war man nach mosaischer Weise bemüht, die unglücklichen Aussätzigen von den Gesunden zu scheiden und in eigenen für sie errichteten Häusern unterzubringen. Es wurden deswegen überall für die armen Sondersiechen Aussatzhäuser, sogenannte „Leproserien" oder „Malanterien", gebaut. Besonders widmete sich der Pflege der Aussätzigen der Orden des heil. Lazarus. Nach den von diesem angelegten St. Lazarushospitälern wurden später alle Krankenhäuser als Lazarette bezeichnet.

Schon im Jahre 1106 gründete Rheingraf Richolf am Fuße des Johannisberges bei Winkel ein Siechenhaus und am Ende des zwölften Jahrhunderts finden sich vor den Thoren der meisten deutschen Städte derartige Krankenhäuser für Sondersieche. So wird in Nürnberg im Jahre 1234 die „domus leprosorum," der Siechkobel zu St. Johannis erwähnt, der wahrscheinlich aber schon früher angelegt war. Bei dem epidemischen Auftreten der Pest und der Syphilis wurden in den meisten deutschen Städten am Ende des Mittelalters auch für diese eigene Absonderungshäuser errichtet.

Neben diesen Lazaretten, die zur Absonderung und zur Pflege von solchen Kranken dienten, die mit ansteckenden Leiden behaftet waren, gab es seit dem 13. Jahrhundert schon eine weitere Klasse von Krankenhäusern, welche man schlechtweg als Spitäler bezeichnete. In diesen behandelte man Kranke, die nicht ansteckend waren. Zuerst dienten diese Häuser meistens gleichzeitig mit zur Armenpflege und namentlich zur Aufnahme armer altersschwacher Leute.

Sehr vernachlässigt war in der Vorzeit die Pflege der Irren. Solange es unbedenklich geschehen konnte, ließ man die Geisteskranken frei umher gehen. Sobald eine Gefahr von ihnen zu befürchten war, hatten die Angehörigen die Pflicht der Bewachung. Um Schaden zu verhüten, wurden solche Geistesirren oft in Gefängnisse gesperrt und, wenn sie rasten und tobten, an die Kette gelegt.

Abb. 23. Arzt mit Arzneibecher. Holzschnitt aus: H. Brunschwig, Liber pestilentialis. Straßburg, Grüninger, 1500.

Geisteskranke Fremdlinge schaffte man über die Landes- oder Stadtgrenze. Um ihnen das Wiederkommen zu verleiden, erhielten sie zum Abschiede einen Denkzettel, indem man sie gehörig auspeitschte. Schon seit dem 12. Jahrhundert gab es in den Spitälern von Zürich und in den nächstfolgenden Jahrhunderten auch in den anderen Städten des germanischen Sprachgebietes vereinzelte Zimmer zur Absperrung und Heilung von psychisch Kranken. In Lübeck nannte man solche Räume „Tollkisten". In Nürnberg hatte man im 15. Jahrhundert verschiedene „Narrenhäuslein". Im 16. Jahrhundert kamen solche Kranke ins Spital, um dann dem „Narrenarzt" in Behandlung gegeben zu werden. Hier war

Abb. 24. Universitätslehrer mit seinen Schülern. Holzschnitt aus: Tractatus diversorum doctorum ed Chulachon. Mailand, J. A. Scinzenzeler, 1523.

auch für geistlichen Zuspruch der harmloseren Irren gesorgt. In Eßlingen wird eine Heilanstalt für Geisteskranke im Jahre 1544 und in Frankfurt eine solche 1604 erwähnt. —

Die erste Universität in Deutschland war die, welche Kaiser Karl IV. im Jahre 1348 in Prag gründete. Dieser folgte dann bald die Einrichtung weiterer Hochschulen in Wien, Heidelberg, Tübingen, Erfurt, Basel u. s. w., sodaß sich im deutschen Sprachgebiete zur Zeit vor der Reformation 15 Universitäten befanden. Diese erhielten indessen erst im Anfange des fünfzehnten Jahrhunderts medizinische Fakultäten. Anfänglich lehrten in solchen meist nur zwei Professoren und zwar der eine die allgemein naturwissenschaftlichen, der andere die praktischen Fächer der medizinischen Wissenschaft. Bis zum Ende des fünfzehnten Jahrhunderts waren diese Professoren durchweg geistlichen Standes. Im Jahre 1498 wurde in Heidelberg der erste verheiratete medizinische Lehrer angestellt. Die meisten Professoren hatten eine Pfründe oder bezogen ein Gehalt, das in Heidelberg etwa 80 bis 100 Gulden betrug, wofür sie gewisse Vorträge unentgeltlich hielten. Da jedem Doktor Lehrfreiheit eingeräumt war, so gab es nebenbei auch unbesoldete Professoren, die für ihre Vorlesungen von den Studenten ein Honorar bekamen. Auch in der Medizin wurden die Vorträge auf den Universitäten fast ausschließlich in lateinischer Sprache abgehalten. Die griechische Sprache war bis in die Mitte des 15. Jahrhunderts hinein indessen fast allen Studenten unbekannt. Lange Zeit hindurch standen die deutschen Universitäten noch nicht so hoch im Ansehen wie die ausländischen, sodaß sich die meisten Ärzte bis zum 17. Jahrhundert ihr medizinisches Wissen noch immer aus Bologna, Padua, Pisa, Pavia, Paris oder Montpellier holten. Ein Wandel trat hierin erst ein, als sich die protestantischen Universitäten zu Wittenberg, Marburg, Königsberg, Jena, Helmstedt, Gießen, Altdorf, Leiden im 16. Jahrhundert entwickelten. Der Lehrplan auf diesen deutschen Universitäten war ähnlich wie der auf den italie-

Abb. 25. Sezierung eines Schweines. Holzschnitt aus: Galenus, opera. Basel, Froben, 1562.

nischen Hochschulen. Die Auslegung der Schriften griechischer Ärzte besorgten meistens nicht Mediziner, sondern sprachlich und humanistisch ausgebildete Professoren. So las Melanchthon über die Schriften des Hippokrates, über die Alexipharmaka des Nikander u. s. w. und legte diese aus.

Die Bezahlung der Universitätsprofessoren war und blieb kümmerlich. In Wien kosteten etwas über 100 Lectionen im Jahr dem Studenten einen Goldgulden (etwa 8 Mark 50 Pfg.).

Durch Privatpraxis, Sporteln bei Promotionen, Kostgeben an Studenten, Abfassung von Kalendern, Stellung von Horoskopen, durch schriftstellerisches Honorar suchten sie deswegen ihr Einkommen nach Möglichkeit zu erhöhen. Die Honorare wurden damals noch nicht von den Verlegern der Bücher bezahlt, sondern die Verfasser verschafften sich für ihre wissenschaftlichen Arbeiten in der Weise eine Zahlung, daß sie ihre Werke Fürsten und Behörden schenkten und widmeten. So heißt es im Nürnberger Ratsbuche vom 25. April 1549: „Als Doktor Lienhardt Fuchs, Ordinarius in Medicina auff der Universität zu Tübingen, ein puch von Artzney und Apothecken, so Nicolaus Myrepsus Alexandrinus in griechischer sprach geschrieben, in latein transferiert und ain Erbarn Rath allhie dedicieret, auch zierlich eingepunden bey seinem Sohn zugeschickt, hats ain Rath von Ime zu Danck angenommen, Ime auch ain Dankbrief darumb geschrieben und 100 taler verert, auch sein Son 20 fl zur zerung schenken lassen. Daneben aber auch bevolhen, solch puch den hieigen medicis für zu halten, zu bedenken, wie es bey Inen selbs und auch bey den hieigen Apothekern zu nutz zu bringen sein möchte.“ Lienhardt Fuchs ist hauptsächlich in der Geschichte der Botanik bekannt. Das Werk des Nicolaus Myrepsus enthält Vorschriften zur Bereitung von Heilmitteln. Wenn Fuchs noch mehr so großmütige Gönner wie den Nürnberger Rat hatte, so mag sein Honorar nicht schlecht gewesen sein, denn das Geld hatte ja damals einen viel höheren Wert als heute. —

Im klassischen Altertum war die Anatomie des Menschen nur auf der alexandrinischen Schule gepflegt. Es wurden dort nicht nur Leichen untersucht, sondern es sollen, um den Sitz der Seele und der Krankheiten ausfindig zu machen, in grausamer Weise auch lebende Menschen geöffnet und zergliedert sein. Im frühen Mittelalter schlummerte die anatomische Wissenschaft. Während der Papst noch im Anfange des 14. Jahrhunderts die Leichenöffnung verboten hatte, wurde aber im Jahre 1308 vom Senate Venedigs anbefohlen, zum Zwecke anatomischer Studien jährlich eine Leiche zu öffnen.

Nicht nur auf den italienischen Universitäten ward seit dem 14. Jahrhundert Anatomie getrieben, sondern vereinzelt auch schon in Deutschland. In Prag wurde bereits unter Karl IV. ein Verbrecher im Gefängnis „abgestochen“ und die Leiche alsdann zur Zergliederung und zum wissenschaftlichen Studium geöffnet. Im fünfzehnten Jahrhundert fing man allgemeiner auf den Universitäten an, mindestens einige Male im Jahre durch Barbiergesellen mit dem Scheermesser menschliche Leichname öffentlich zergliedern

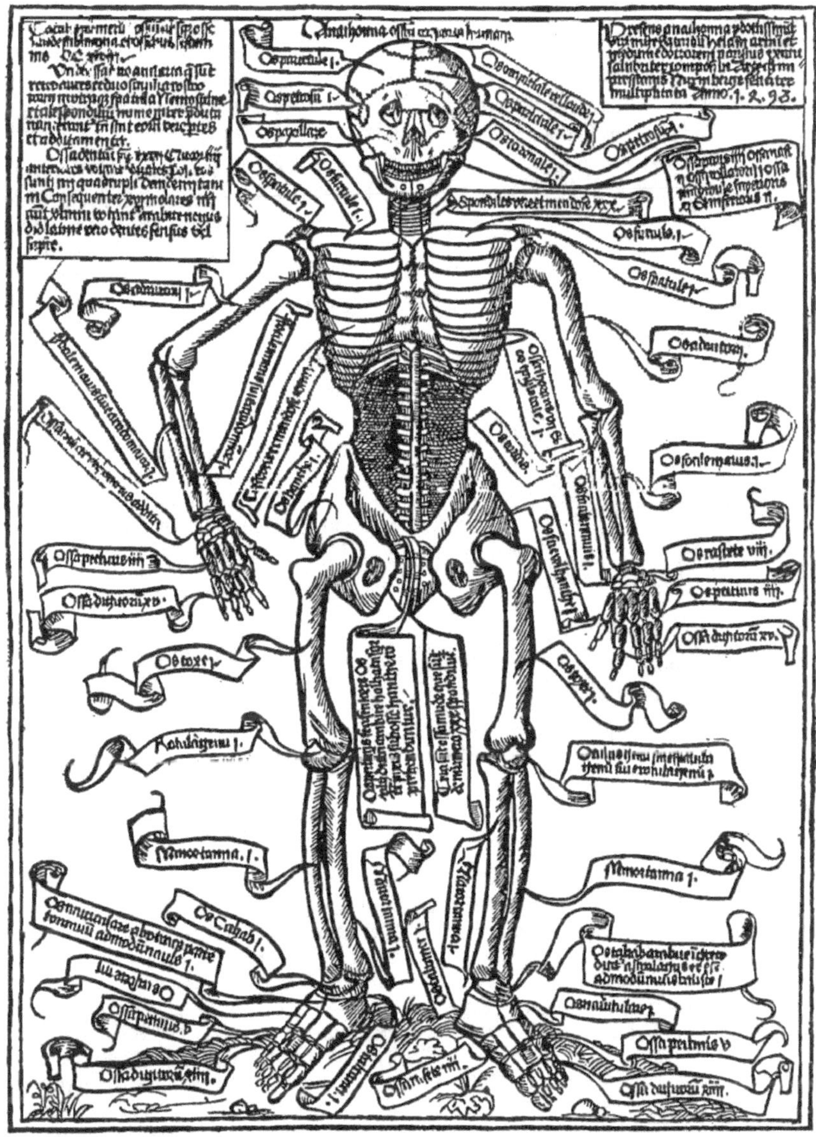

Abb. 26. Lehrbild eines männlichen Skeletts. Gezeichnet von dem Arzt Hela. Nürnberg 1493. München, Kupferstichkabinett. Schr. 1923.

Ein cōtrafact Anatomi d' innern glider der mēschē durch dē hochgelertē phisicū vñ medicine doctor wēdelinū hak vō brackenā. zů Straß. declariert in bywesen viler wūdartzt/grüntlich durch sůcht.

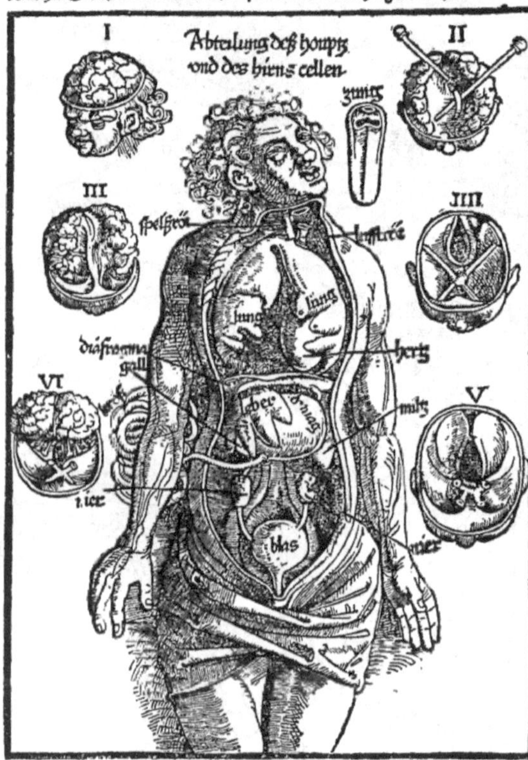

Abb. 27. Anatomisches Lehrbild eines Mannes. Holzschnitt von Wechtlin aus: H. v. Gersdorf, Feldbuch der Wundarzney. Straßburg, J. Schott, 1517.

zu lassen. Die Lehrer erklärten hierbei, ohne die Leiche selbst zu berühren, die zerlegten Teile nach der Nomenklatur des Galenus oder verlasen den betreffenden Abschnitt aus der „Anatomia" des Mondinus. Einen besonderen Nutzen erreichten sie durch das Schauen in die Kadaver indessen noch kaum.

Im fünfzehnten Jahrhundert erschienen verschiedene Lehrbücher der Anatomie. Von den deutschen Zergliederungskünstlern aus der Zeit um 1500, die auch literarisch thätig waren, sind zu nennen: Johannes Peylick aus Leipzig, Magnus Hundt aus Magdeburg und Laurentius Phryesen aus Colmar. Die anatomischen Werke der beiden letzteren sind mit Holzschnitten illustriert.

Vor der Erfindung der Buchdruckerkunst waren die handschriftlichen Werke recht teuer. Es beschränkte sich deswegen die ärztliche Privatbibliothek bis zum Ende des Mittelalters meistens auf wenige lateinische Auszüge aus den Werken des Galenus und der arabischen Ärzte. —

Von größter Wichtigkeit für die Heilkunst waren die Apotheken. Schon Konrad von Ammenhusen sagt in seinem Schachzabelbuch vom Jahre 1337:

„Ein apotheker haben sol
trüwe und kunst, das zimt im wol,
wan des arzates kunst vil an im stat;
ob er weder kunst noch wize hat
so mag dem arzat missegan."

Die ältesten geschichtlichen Nachrichten über das Vorkommen öffentlicher Apotheken in Deutschland gehen nicht weiter als bis zum 12. Jahrhundert zurück. In den Gildelisten der Stadt Köln aus jener Zeit sowie auch in den Großbürgerlisten der dortigen Pfarreien findet sich mancher Apotheker als „apotecarius, specionarius, mercator unguorum" oder „herbator, ubi species venduntur" eingetragen. So wird nach Bunger in den Kölner Urkunden der Martinspfarre aus den Jahren 1163—1167 der Apotheker Godefrid, in denen der Laurenzpfarre auf dem Blatte der Jahre 1165—1185 ein Gerardus Parvus und etwas später ein Heribert als Apotheker genannt. Für die Jahre 1241 und 1261 werden in der Trier'schen Chronik Apotheken erwähnt. In Konstanz ist im Jahre 1264 ein

„Magister Wernerus apothecarius" urkundlich nachweisbar. Aus diesen frühesten Nachrichten über Apotheker in jenen deutschen Städten, welche ursprünglich römische Ansiedelungen waren, ist vielleicht zu schließen, daß diese ersten Arzneiwaarenhandlungen in Deutschland nach römischem Muster eingerichtet waren und sich darnach dann weiter in den deutschen Landen verbreiteten. Im Jahre 1262 bestand schon eine Apotheke in Rostock, und im Jahre 1265 findet man einen Henricus apothecarius in Hamburg, 1267 eine Apotheke in Münster, 1270 in Wismar, 1276 in Würzburg, 1285 eine solche in Augsburg und Magdeburg, 1290 in Speier und 1296 in Basel vor. Man darf wohl annehmen, daß andere größere deutsche Städte, in denen sich das Vorhandensein von Apotheken oder Arzneiwaarenhandlungen nicht urkundlich nachweisen läßt, schon damals ebenfalls solche besaßen. In der ersten Hälfte des Mittelalters bezeichnet das Wort Apotheke Speicher und Niederlagen jeglicher Art. Im 13. Jahrhundert war es jedoch schon deutscher Sprachgebrauch, nur die Arzneimittelhandlungen als Apotheken zu bezeichnen. Das Wort „Apotheker", auch „Appateger" oder „Appanteger" geschrieben, scheint sofort seine heutige Bedeutung gehabt zu haben. Mit dem Ausdrucke „Apothecarius" des mittelalterlichen Lateins verhält es sich jedoch ähnlich wie mit der Bedeutung des Wortes Apotheke. Man nannte im frühesten Mittelalter auch die Großhändler von Waaren, Vorsteher der Küche, Verwalter von Lagern u. s. w. „apothecarii".

Die ersten Apotheken in Deutschland wurden vielfach von Klöstern, Fürsten und Städten auf eigene Rechnung betrieben. Die Vorsteher derselben bezogen alsdann ein festes Gehalt. In anderen Städten, wie z. B. in Nürnberg, gehörten die Apotheker zwar auch zu den Ratsangestellten, indessen besaßen sie trotzdem ihre Geschäfte doch als Eigentum. Für das verhältnismäßig geringe Gehalt, das diese Ratsapotheker bezogen, hatten dieselben wohl nur bestimmte Verpflichtungen, und die Zahlung ward wahrscheinlich nur deswegen geleistet, um sie zur Anlage von Apotheken zu bewegen und sie in ein Abhängigkeitsverhältnis zum Rat zu bringen.

Im Mittelalter hatten die Apotheker in Deutschland eine geachtete Stellung. In der ältesten Nürnberger Chronik von Ulman Stromer führt der Verfasser im Jahre 1390 sie ausdrücklich unter den „ehrbaren" Personen mit auf. Die pharmazeutische Fachbildung scheint eine rein praktische gewesen zu sein, denn die mittelalterlichen Medizinalordnungen stellen nach der Richtung hin keine Anforderungen. Aus der von Friedrich II. für Süditalien erlassenen Medizinalordnung geht hervor, daß die Apotheker (Confectionarii) zu ihrer Niederlassung einer Erlaubnis bedurften.

Die ältesten brauchbaren Apothekenabbildungen, die aus der Vergangenheit überliefert sind, stammen vom Ende des 15. Jahrhunderts. Wie man auf diesen sieht, wurden die damals so beliebten Verzierungen mit Wappen auch an

Abb. 28. Apotheke mit Meistern der Heilkunst. Holzschn. aus: Hortus sanitatis. Augspurg, Schönsperger, 1486.

Abb. 29. Mit dem Stock ordinierende und harnbeschauende Ärzte in der Apotheke. Holzschnitt aus: Hortus sanitatis. Mainz, Jac. Meydenbach, 1491.

zehnten Jahrhundert bekannt sind, befaßten sich die Apotheker, genau so wie heute, mit der Beschaffung von einfachen Arzneimitteln oder „Spezereien" und mit der Zubereitung von gemischten Arzneien oder „Konfekten". Ein Teil der Konfekte war gezuckert, und wie Hans Folz sich im Jahre 1485 in seinem Konfektbuche ausdrückt, war man bei den „saur" und „pitrin" Arzneimitteln darauf bedacht:

„Wie man mit süß das unterkem
Und es der menschheit macht gezem,
Zu kosten, smeken, richen, nißen,
Darob man sunst möcht han verdrißen."

Im ganzen Mittelalter gab es in Deutschland noch kein gesetzlich eingeführtes Arzneibuch, nach dem die Apotheker die zusammengesetzten Heilmittel zu machen hatten. Man benutzte derartige ausländische Werke, so daß die Mischungen von Arzneistoffen nicht in allen Apotheken gleichmäßig waren. Besonders war das Dispensatorium des Nicolaus, der im 12. Jahrhundert Vorsteher der Schule in Salerno war, weiter das Antidotarium des Nicolaus Myrepsus aus dem 13. Jahrhundert und das Antidotarium magnum seu Dispensatorium ad aromatarios aus dem 15. Jahrhundert in Gebrauch. Da man befürchtete, daß bei den einfachen Arzneimitteln absichtlich oder un-

den Standgefäßen und den Regalen ebenfalls gern angebracht. Meistens findet man auf den ältesten Apothekenabbildungen einen oder mehrere Ärzte mit dargestellt, da diese ihre Arzneiverordnungen damals mündlich machten.

Nach dem Inhalt der ersten deutschen Apothekerordnungen, von denen einige aus dem vier-

absichtlich Fälschungen und Betrügereien vorkämen, die die Gesundheit der Menschen gefährdeten, so wurden in den deutschen Städten nach italienischem Vorbilde schon früh öffentliche Visitationen der Apotheken vorgenommen. In Nürnberg bestand diese Einrichtung schon im Jahre 1442. Dieselbe wurde von Ratsdeputierten und Ärzten gemeinsam ausgeführt.

In den Konstanzer Ratsbüchern vom Jahre 1387 findet sich eine kurze Medizinalordnung, in der es heißt: „So sond die appateger in dem aid nemen, daz si ungevarlich gebent den siechen die arzenye, die inen verschriben von den arzaten, es wäre danne, daz sie dunke, daz die arznye dem siechen ze stark wäre, darinne mög er tun ungevarlich bi sinem aid daz best; und wäre, daz appateger etlich waren nit hetten, so soll er darnach anderswo werben ungevarlich." Wie man sieht, war man sehr besorgt, daß die Arzneimischungen auch genau nach den Vorschriften angefertigt und für fehlende Arzneistoffe keine anderen genommen wurden. Eine Nürnberger Apothekerordnung aus dem 15. Jahrhundert verpflichtet deswegen die Apotheker, „das ir keiner die beraittung seiner recept, nemlich die wirdigsten, als da sein Aurea alexandrina, die groß tiriaca und annder arznei, die lange zeit nach irer beraittung und einmachung inn irer apotecken blieben sein, mit nichts vermischen soll, es sei denn, das die maister und lerer, den das zustet und gebürt, vor solliche ordnung seiner beratitung wohl beschauen und besehen haben." (Abb. 44.)

Der Gifthandel war am Ausgange des Mittelalters schon in derselben Weise geregelt wie heute. Gifte durften nur an sichere bekannte oder mit behördlichem Erlaubnisschein versehene Personen verabfolgt werden. Ein Nürnberger Ratserlaß vom Jahre 1496 verordnet z. B. hierin: „Den apotheckern ist ertheilt, in iren eid zu pinden, so sie hinfüro ymant ein hüttrauch (Arsenik) oder annder gift zu kauffen oder aus der apotecken geben, ob auch solichs mit wissen eins burgermeisters beschiht. Sollen sie demnacht eigentlich in ire register anschreiben, wem, wie viel und wann sie solich gifft geben haben."

Die Heilpflanzen, deren Kultur in Deutschland möglich war, und deren Bedarf nicht genügend durch wildwachsende Pflanzen gedeckt wurde, zog man in besonderen Apotheker- oder Kräutergärten. Noch in späteren Jahrhunderten hatte jede bedeutendere und wohlbestellte Apotheke einen

Abb. 30. Apotheke. Holzschnitt aus: H. Brunschwig, Buch der Chirurgie. Straßburg, Grüninger, 1497.

Abb. 31. Kräutergarten und Destillierherd. Holzschnitt um 1530 vom Meister des Trostspiegels.

Garten für diesen Zweck. Ihre Einkäufe an fremdländischen Arzneistoffen machten die Pharmazeuten besonders bei Materialisten in Frankfurt a. M., Nürnberg, Augsburg und in den nordischen Hansastädten. Vor der Entdeckung des Seeweges nach Indien kamen die orientalischen Arzneistoffe fast durchweg über Venedig nach Europa. Die wichtigste Rolle spielten bei diesen mit Arzneistoffen handelnden Großkaufleuten die zur Theriakbereitung dienenden Trochisci de viperis. Nach diesen wurden sie „Trochisten" oder „Drogisten" genannt. Schlimm stand es um den Geldbeutel der Kranken, wenn Arzt und Apotheker sich zur gemeinsamen Ausbeutung desselben zusammenthaten. Schon die Nürnberger Apothekerordnung aus dem 15. Jahrhundert erläßt gegen ein solches Geschäftsgebahren Bestimmungen: „das kein appotecker in die dingen, die zu der arznei gehören, in kauffen oder verkauffen, inn oder außer den appotecken mit keinem arzt nicht auftrag noch tail oder gewinn nicht haben lassen soll." —

Das Wort „Chirurgie" heißt wörtlich übersetzt: „Handwerk". Dieser Bedeutung entsprach es, daß im frühen Mittelalter die Wundarzneikunst hauptsächlich von nur praktisch und handwerksmäßig ausgebildeten Leuten betrieben wurde. Besonders waren es Schmiede, Henker, Bader und Barbiere, welche sich mit der Wundbehandlung befaßten. Die Chirurgie erfreute sich deshalb keiner großen Achtung, und ihre Vertreter wurden für unehrenhaft gehalten. Dieses Vorurteil wollte auch nicht schwinden, als Karl V. ihr Handwerk für „ehrlich"

Abb. 32. Wundarzt. Holzschnitt aus: Unterweisungsbüchlein für Chirurgen. Augsburg, Hans Froschauer, 1515.

erklärte. Im Jahre 1577 wiederholte deswegen Rudolf II. ausdrücklich die Erklärung von der „Ehrlichkeit" der Wundärzte.

Im dreizehnten Jahrhundert wurde in Italien auf den Universitäten zu Salerno, Bologna, Padua und Neapel die Wundheilkunst von akademisch gebildeten Ärzten ausgeübt und gelehrt. Auch in Frankreich bürgerte sich in dieser Zeit die höhere Chirurgie ein, und ebenso fehlten in Deutschland ihre Vertreter damals nicht ganz. Unter den ältesten Ärzten Frankfurts wird z. B. im Jahre 1385 einer „Meister in den Arzneiwissenschaften" und ein anderer im Jahre 1493 „der freien Künste und beider Arzeneien Doctor" genannt. Der Aus-

Abb. 33. Wundarzt mit Gehilfen am Bett eines blutrünstigen Kranken. Holzschnitt aus: H. Brunschwig, Chirurgie. Straßburg. Grüninger, 1497.

Abb. 34. Amputation mit der Knochensäge. Holzschnitt in der Weise Wechtlin's aus: H. v. Gersdorf, Feldbuch der Wundartzenei. Straßburg, J. Schott, 1528.

erwähnt. Bei dem einen wird ausdrücklich gesagt, daß der Arzt innere und äußere Medizin neben einander betreibe. Groß war die Zahl akademisch gebildeter Wundärzte im Mittelalter wie in den folgenden Jahrhunderten aber nicht. Noch im Jahre 1416 wies die Wiener Fakultät einen Chirurgen, der sich zur Doktorwürde meldete, als unverschämten Menschen zurück. Im Jahre 1456 graduierte sie jedoch einen Doktor der Chirurgie.

Von den gewöhnlichen Wundärzten fanden sich in den deutschen Städten überall schon früh ganze Heere. In den Nürnberger Ämterbüchern vom Jahre 1396 sind 6 Wundärzte aufgeführt. Im Jahre 1398 wird einer derselben ausdrücklich als Spezialist für Brüche und Steinleiden bezeichnet. Auch die Hamburger Stadterbe- und Rentenbücher vom Anfange des 14. Jahrhunderts bezeichnen eine Anzahl Bartscheerer als Chirurgen. In der Vorzeit gingen die Wundärzte nämlich namentlich aus den Ständen der Barbierer und Bader hervor. Erstere besorgten

druck „beide Arzeneien" bezeichnete gleich dem in der Mehrzahl gebrauchten Ausdrucke „die Arzeneiwissenschaften" die Verbindung der Heilkunde für innere Krankheiten mit der Wundarzneikunde.

Auch in anderen deutschen Städten sind im Mittelalter einige studierte „Schneidärzte" nachweisbar. So werden in der Ulmer Stadtgeschichte zwei Beispiele aus den Jahren 1450 und 1483

neben der Wundheilkunst das Rasieren und das Haarschneiden. Die Bader, welche die Badstuben unter sich hatten, gaben sich auch mit der Haarpflege ab. Nach den meisten Handwerkerordnungen deutscher Städte war ihnen jedoch das trockene Scheeren nicht gestattet. „Sie sollten nur denen, welche wirklich bei ihnen baden, folglich ausgezogen und naß sind, das Haar und den Bart putzen dürfen." Im Mittelalter zählte man das Baden zu den sieben Seeligkeiten. Die gegenteilige Auffassung brachte man früher den Diensten der Barbiere entgegen. Wie schon der aus alter Zeit stammende Ausdruck: „Jemand ungeschoren lassen" andeutet, hielt man das trockene Scheeren keineswegs für eine Annehmlichkeit.

Die Barbiere und Bader übten die kleine Chirurgie und andere Arbeiten der Wundheilkunst, als da sind: Aderlassen, Schröpfen, Klystieren, den Verband bei Verletzungen, Wunden, Knochenbrüchen und Verrenkungen sowie die Heilung von Stich-, Hieb- und Schußwunden, Geschwüren, Hautleiden und dergleichen. Da sich die Franzosenkrankheit durch Geschwüre und Hautausschläge kennzeichnet, so gehörte die Behandlung dieses Leidens ebenfalls zu den Obliegenheiten des Wundarztes. Meistens wurden die größeren Operationen von besonderen chirurgischen Spezialisten, den sogenannten „Schneidärzten", vorgenommen. Solche wundärztlichen Spezialisten, so „zu einer unterschiedlichen Krankheit, als zu den Augen-, Stein- oder Bruchschneiden ein geschicklichkeit vor andern oder bewerte Arznei haben ... — denn sich oft zutregt, das ein lange Zeit in einem geschlecht etwan ein sonder geschicklichkeit oder gewisse Arznei erhalten sein werden und stetig von einem auf den andern geerbt ist" —, gehörten mit zum regelmäßigen Heilheere geordneter Städte. Oft führten diese Spezialisten ein Wanderleben. In Städten, wo solche fehlten, waren die Behörden darauf bedacht, sie wenigstens für gewisse Zeiten des Jahres heranzuziehen. So verpflichtete z. B. der Hamburger Rat noch im Jahre 1568 den „Hanse Kremer, Bürger zu Hildensen" (Hildesheim), auf sechs Jahre gegen 25 Thaler jährliche Besoldung, zweimal jährlich nach Hamburg zu kommen, um den Einwohnern „den de Sehnen averspannen, an knaken, behnen

Abb. 35. Herausziehen eines Pfeiles aus der Wunde. Holzschnitt in der Weise Wechtlin's aus: H. v. Gersdorf, Feldbuch der Wundartzenei. Straßburg, J. Schott, 1528.

schaden hebben", chirurgische Hilfe zu leisten. Da es schon seit dem 14. Jahrhundert nachweislich in Hamburg eine große Zahl gewöhnlicher Wundärzte gab, so muß sich Hans Kremer in seinem Fache eines großes Rufes erfreut haben. Trotzdem scheint derselbe des Schreibens unkundig gewesen zu sein, denn er hat den mit der Stadt Hamburg abgeschlossenen Vertrag, statt mit seinem Namen, nur mit einem Handzeichen bestätigt.

Die Barbiere und Bader erlernten ihre Kunst von ihren Meistern während einer zwei- bis vierjährigen Lehrzeit und wurden dann nach Handwerksbrauch zu Gesellen ernannt. Zur selbständigen Ausübung der Wundheilkunst war von den Gesellen zuvor ein Meisterstück zu machen. Ein solches war für die Barbiere und Bader schon durch einen Nürnberger Ratserlaß vom Jahre 1456 vorgeschrieben. Zuerst bestand das ganze Examen nur in Scheeren- und Messerschleifen. Später mußten die angehenden Wundärzte vor einem Ärztekollegium eine Prüfung ablegen und bei den zünftigen Meistern einige Salben, Pflaster und Wundtränke bereiten.

Eine Urkunde des Hamburger Rates vom Jahre 1468 befaßt sich ebenfalls damit, „dem ampte der barberer desse nageschreven meisterstucke to beredende, wellicher ein jeder geselle, deme ein stede su dißem handtwerck billiken wollte gebören, schall weten to makende." Das geforderte Meisterstück bestand ebenfalls in der Anfertigung einer Anzahl von Salben, Pflastern und Wundtränken und in der Kenntnis der „fragstücke von allen Leden".

Frühzeitig schon gehörte es zu den Obliegenheiten der Wundärzte, in Sterbefällen, bei denen die Todesursache dunkel war, die Untersuchungen von Leichen für gerichtliche Zwecke vorzunehmen und ihr Urteil über Ertrinken, Erhängen, Ermordungen und Körperverletzungen abzugeben. Die Hamburger Stadtrechnung vom Jahre 1350 enthält einen Eintrag, nach dem ein Bartscheerer für eine Leichenöffnung Zahlung erhalten hat. Nach dem Eide, den der Hamburger Ratswundarzt zu schwören hatte, war derselbe verpflichtet, bei verbrecherischen Verletzungen die Namen der Thäter und Teilnehmer den Gerichtsherren sorgfältig mitzuteilen und sich durch keine Rücksicht auf Geld und Freundschaft davon abhalten zu lassen. Auch die Würzburgische Stadtgerichtsordnung vom Jahre 1526 giebt Kunde von einem Anfange gerichtlicher Medizin: „Nachdem hiervor zween geschworene Wundärzte aufgestellt gewesen, welche die Tötlichkeit oder Nichttötlichkeit vorgefallener Verwun-

Abb. 36. Feldarzt vor seinem Zelt in Thätigkeit. Holzschnitt von J. Amman aus: Fronsperger, Kriegsrechte. Frankfurt 1566. A. 226.

Abb. 37. Ein Feldarzt und Gehilfe im 16. Jahrhundert. Holzschnitt von Niclas Meldemann. P. 9.

dungen sowie auch anderer Leibesschäden zu beurteilen hatten, so sollen derselben auch in Zukunft mindestens zwei bestellt sein." Dem gerichtlich vernommenen Wundarzte sollten 20 Pfennig für jeden Fall gezahlt werden.

Im Mittelalter wurden auch zur Behandlung der Truppen besondere Ärzte als Feldscheerer angeworben. So berichtet die zweitälteste Chronik der Stadt Nürnberg aus den Jahren 1449 bis 1450, in welchen der Markgraf Albrecht Achilles von Brandenburg Nürnberg belagerte: „Item unsere herrn vom rat hetten bestellt zween ertzt, die (im Krieg) die leut punden und heilten, sie wern edel oder unedel, purger oder Fußknecht, so richten unserr herrn daz arztlon alles auß, daz ir keiner nichtz dorft geben." Die Verwundeten wurden in Zelten hinter der Schlachtlinie oder in dort befindlichen Gebäuden untergebracht.

Am Ende des Mittelalters war auch in Deutschland hauptsächlich das Lehrbuch der Chirurgie von dem Mailänder Lanfranchi, der während der Unruhen der Guelfen und Ghibellinen aus seiner Heimat vertrieben, in Paris lebte, und das des französischen Arztes Guy de Chauliac (um 1360) in Gebrauch.

Das älteste handschriftlich auf uns gekommene, deutsch geschriebene chirurgische Werk ist das „Buch der Bündth-Ertznei", das im Jahre 1460 von Heinrich v. Pfolspeundt, Bruder des deutschen Ordens, verfaßt wurde und im Jahre 1868 zum ersten Male im Druck erschien. Der Verfasser ist identisch mit H. von Pfalspeunter, dessen adeliges Geschlecht in früheren Jahrhunderten in Pfalzpaint bei Eichstädt ansässig war. Derselbe stützt sich in seinen Angaben oft auf einen Meister Johann von Paris, giebt nach diesem ausführliche Anweisung zum Verbinden von Wunden und befaßt sich mit der Wiedereinrichtung und Heilung von Verrenkungen, Knochenbrüchen, Stich-, Hieb- und Pfeilwunden. Die Schußwunden sind in dem Werke noch nicht abgehandelt.

Pfolspeundt heilte die frischen Wunden nicht direkt, sondern meistens durch Eiterung, indem er in dieselben zunächst Terpentinöl und alsdann

Abb. 38. Anwendung eines Klystiers. Holzschnitt eines unbekannten Meisters ca. 1550. Dresden, Kupferstichkabinet.

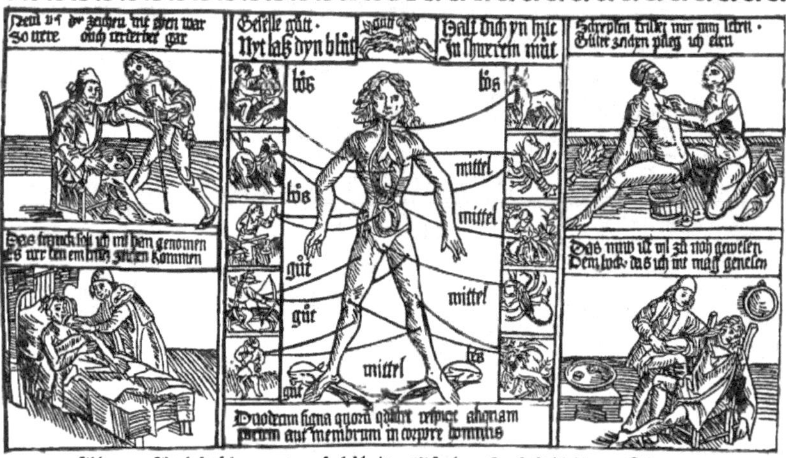

Abb. 39. Aderlaßtafel ca. 1480. Holzschnitt. München, Kupferstichkabinet. Schr. 1925.

Rosenöl, das aus Leinöl und Rosenblättern gekocht war, einträufelte. Auch die Pfeilspitzen entfernte er nicht sofort aus den frischen Wunden, sondern gleichfalls erst dann, wenn Eiterung eingetreten war. Von blutigen chirurgischen Eingriffen teilt Pfolspeundt die Kunst mit, „Einem eine newe naße tzw machen, die im gantz abe ist, und sie halt dy hunde abgefressen.“ In der Geschichte der Medizin wird als der erste Europäer, der sich mit dem Ersatze von verlorenen Nasen befaßte, der im Anfange des 15. Jahrhunderts lebende Sicilianer Branca genannt. Er nahm die fleischigen Ersatzstücke für die neue Nase aus dem Gesicht, während sein Sohn Antonio dieselben aus der Haut des Oberarmes schnitt, wie es auch Pfolspeundt lehrt, der da sagt: „ein wall (Welscher) hatte mich das gelernth.“ Weiteren Kreisen ward das Verfahren erst am Ende des 16. Jahrhunderts durch die Veröffentlichung des Tagliacossa aus Bologna bekannt. Ein Italiener meinte, letzterer würde auch den armen Abälard wieder ganz gemacht haben. Jedenfalls wurde die Rhinoplastik in früheren Jahrhunderten schon fleißig ausgeübt.

„Die sympathetische Schnauze klebte,
So lange Vater Arm noch lebte.
Doch streckt sich der auch in das Grab,
Dann fiel die Nase gleichfalls ab.“

Das chirurgische Kunststück, das einige Jahrhunderte lang wieder in Vergessenheit geriet, wurde in Deutschland im Jahre 1816 zuerst wieder von Gräfe ausgeübt.

Eine zweite, für die Chirurgie höchst wichtige Erfindung, die vor ihm schon Guy de Chauliac erwähnt, bespricht Pfolspeundt in dem Kapitel: „Wye man eynen schlaffen macht, den man schneiden wolde.“ Um Betäubung und Gefühllosigkeit zu erzeugen, benutzte er zur Einatmung von narkotischen Mitteln einen Schwamm, der mit dem Safte von Opium, Bilsensamen, Alraunblättern, unreifen Maulbeeren, Thalskraut (Convallaria), Schierling, Epheu, Giftlattich und Kellerhalssamen getränkt war. Verdrängt wurden diese Narkotika aus der Chirurgie erst seit 1846, als man die Einatmung von Äther- und Chloroformdämpfen als Betäubungsmittel entdeckt hatte.

Die hauptsächlichsten Dienste der niederen Wundärzte bestanden im Klystieren, Aderlassen und Schröpfen. Im Altertum und im Mittelalter bediente man sich statt der Klystierspritze zur Ausspülung der Eingeweide einer Blase mit daran befestigtem Röhrchen. Am Ende des fünfzehnten Jahrhunderts wurde diese einfache, zur Erleichterung der Sterblichen geschaffene Vorrichtung durch die Erfindung der Klystierspritze in den Schatten gestellt. Der Wohlthäter, dem die Menschheit diese

Abb. 40. Aderlaß an einer Frau. Holzschnitt aus: Eyn nygge Kalender recht hollende. Lübeck, Steffen Arends, 1519.

wichtige Erfindung verdankt, war der Italiener Gatenaria, Professor der Medizin zu Pavia.

Vielfach wurden die Klystiere nur deswegen gegeben, um den üblen Folgen der Völlerei zu begegnen. Auch der in früheren Jahrhunderten so viel und oft als Vorbeugungsmittel gegen Krankheiten vorgenommene Aderlaß steht in einem gewissen Zusammenhang mit der alten deutschen Unmäßigkeit. In einem Aderlaßbuche vom Jahre 1599 heißt es: „Es pflegte der hocherleuchtete Mann Philippus Melanchthon oft und vielmal seinen Zuhörern . . . . . zu sagen: Wir Teutschen fressen und sauffen uns arm und krank und in die Helle. Wenn man nun also toll und voll mit seltzamer Speise durcheinander vermischt den Leib biß oben angefüllt, und auf den Morgen der Kopf schwer wird, Drückung umb die Brust und andere Zufälle sich zutragen, alßdann lasset man zur Ader und saufft wieder, daß's kracht".

An den Tagen des Aderlassens pflegten die Wundärzte vor ihren Wohnungen eine Aderlaßbinde und auch eine Aderlaßtafel, auf der die richtige Zeit des Aderlassens zu ersehen war, auszuhängen. Der schon im Altertum betriebene Aderlaß wurde im Mittelalter namentlich nach den Gesundheitsregeln der Schule von Salerno vorgenommen. Nach einer Übersetzung, welche der Freund Luthers, der Arzt Curio aus Erfurt, von diesen giebt, heißt es:

„Vor siebzehn Jarn nicht Adern laß,
Die lebendig Krafft entgeht durch das,
Die doch der Wein bald wieder bringt,
Mit welcher Speiß dies auch gelingt.
Daß Aderlaßn ist'n Augn nicht arg,
Scherpfft Hirn und Mut und wermbt das Marck,
Es hilfft die Darm und schleußt den Magn,
Den Leib, thut auch Unlust verjagn,

Abb. 41. Aderlaß an einem Mann. Holzschnitt aus: H. Brunschwig, Liber pestilentialis. Straßburg, Grüninger, 1500.

ALs man zelt nach der geburt cristi Tusent vierhundert vñ in dem vier vnd sibenczigisten iar das ander iar nach dem schalt iar Die guldin zal ist ·xij· Der sunnen schÿn ·xxvij· Der sunnentäglich bůchstab ·b· Von wÿhenacht biß vff der herren faßnacht acht wochen vñ ain tag/ Zwischen liechtmeß vnd der herren faßnacht achtzehen tag · Die sibenczig tag (so man das alleluia hin legt) an sant dorothen tag Der seczigist tag am suntag vor valentini Der fünfczigist tag am suntag vor sant peters stůlfÿer Allermañ faßnacht am dinstag vor Mathie · Der vierczigist tag am suntag nach sant matheis tag · Der Ostertag am suntag nach Sant Ambrosius tag · Die crücz woch hebt an am Suntag vor potenciane · Der Pfingstag am suntag nach Vrbani · Vnsers herren fronlichnams tag vff donrstag nach bonifacij · Die zůkunfft vnsers herren am suntag nach katherine

Nü vnd bruch vß mittelm läff des mons folgent hie nach

Hornüg : wirt nü an sant brigita tag vor mittag ·iij· stüd ·xi· minut Bruch an vnser frowē tag ze liechtmeß nach mittag ·ix· stüd ·xxxij· minut ¶ Mertz : an sant Juliana tag nach mittag ·iij· stüd ·lv· minut Bruch an donrstag vor perpetue vor mittag ·x· stund ·xvi· minut ¶ Aprill : am frytag nach gerdrudis vor mittag ·iiij· stüd ·xxxix· minut Bruch an säpstag vor ambrosÿ nach mittag ·xi· stund kain minut · ¶ Maÿ : an sambstag nach tiburcij nach mittag ·v· stund ·xxiij· minut Bruch an Sant philippen vñ iacobs tag vor mittag ·xi· stüd ·xxxiiij· minut ¶ Brachmond : an montag vor potenciane vor mittag ·vi· stüd ·vij· minut Bruch an sant petronellen tag vor mittag ·xij· stüd ·xxviij· minut ¶ Hömond : an dinstag vor viti nach mittag ·vi· stund ·lij· minut Bruch an sant peters vnd pauls tag in mitternacht ·xij· stund ·xiij· minut ¶ Augstmond : an donrstag vor Margrethe vor mittag ·vij· stund ·xxvi· minut Bruch an frytag nach Jacobi vor mittag ·i· stund ·lvij· minut · ¶ Der erst herbstmond : an frytag nach laurencij nach mittag ·viij· stüd ·xx· minut Bruch an sambstag nach bartolomei nach mittag ·viij· stund ·xli· minut ¶ Der ander herbstmond : an suntag nach vnser frowen geburt vor mittag in der ·ix· stund ·iiij· minut · Bruch an montag nach mathei vor mittag ·iij· stüd ·xxv· minut ¶ Der drit herbstmond : an montag nach marci des babsts nach mittag in der ·ix· stüd ·xlviij· minut Bruch an dinstag nach symonis vñ iude tag nach mittag ·iiij· stüd ·ix· minut ¶ Der wintermond : an mitwoch vor martini vor mittag in der ·x· stüd ·xxxij· minut Bruch an donrstag vor katherine vor mittag ·iiij· stüd ·liij· minut · ¶ Jenner : an vnser frowen tag der empfengnüß nach mittag ·xi· stund ·xvi· minut Bruch am frytag nach Thome nach mittag ·xi· stund ·xxxvij· minut ·

Die nach volgent die oderläßen vnd zÿt der ercznÿ zenemē diß iars nach lauff des monds in angesicht der andern planeten ¶ Jenner : Am suntag vnd montag nach erhardi gůt den alten / on die lendaõ / den ist gůt ercznÿ zenemē in allen dingen. Dinstag mittwoch donrstag nach pauli deß ainsidels mittel den iungen / on die schamaõ / ercznÿ mit getränck ist erlaubt. Frytag vnd säbstag nach pauli deß ainsidels gůt den alten / on die diechaõ ¶ Am frytag nach agnetis mittel den iungen / on die frouwenaõ / ercznyen mitt pillulen. Suntag vnd montag nach agnetis gůt den alten / on die haubtaõ ¶ Hornung An sant dorothea tag gůt den alten / on die lendaõ / ercznyen in allen dingen ist erlaubt. Montag dinstag vnd mitwoch mittel den iungen / on die schamaõ / ercznyē mit getranck ist erlaubt. An sant valentins tag gůt den alten / on die schinbainader ercznÿ zenemen in allen dingen ist erlaubt. Sambstag vor sant peters stůlung gůt den alten / on die haubtaõ ¶ Mertz An sant perpetua tag vnd der nechst darnach mittel den iungen / on die schamaõ / ercznÿ zenemen mit getranck ist erlaubt Mittwoch vnd donrstag nach perpetua gůt den alten / on die diechaõ. Suntag vñ montag nach gregorÿ gůt den alten / on die schinbainaõ ercznÿ zenemen in allen dingen ist erlaubt ¶ Aprill : Am mittwoch nach ambrosij gůt den alten / on die diechaõ. Suntag vnd montag nach ambrosÿ gůt den alten / on die schinbainader / ercznÿ zenemen in allen dingen ist erlaubt. Donrstag vnd frytag nach marci gůt den alten on die lendader / ercznÿ zenemen in allen dingen ist erlaubt. ¶ Maÿ : an sambstag vnd suntag nach des heiligen crücz tag gůt den alten on die schinbain vnd ercznÿ zenemen in allen dingen. Donrstag vnd frytag nach iohannis vor der guldin port gůt den alten on die höbtader. An sant vrbans tag vnd den nächsten darnach gůt den alten on die lendader / vnd ercznÿ ze nemen in allen dingen ¶ Brachmond : an mittwoch vnd donrstag nach bonifacii gůt den alten on die höbtader. Mittwoch vnd donrstag vor iohannis des täuffers gůtt den alten on die lendader vnd ercznÿ ze nemen in allen dingen. ¶ Hömond : an mittwoch vnd donrstag nach vnser frowen tag als sie über das gebirg gieng gůt den alten on die höbtader. Dinstag vnd mittwoch vor magdalene gůtt den alten on die lendader vnd ercznÿ zenemen in allen dingen ¶ Augstmond : an dinstag vnd mitwoch nach sant peters ketten tag gůtt den alten on die höbtader. An vnser frowen abent vnd tag der himelfart gůtt den alten on die lendader vnd ercznÿ ze nemen in allen dingen. Sambstag vnd suntag vor bartholomei gůt den alten on die diechader. Dinstag nach sant iohans enthöbtung tag gůt den alten on die höbtader ¶ Der erst herbstmond : an montag dinstag vnd mitwoch vor vnser frowē geburt tag mittel den iungen on die lungader / vnd ercznÿē mit electuarien Sambstag vnd suntag vor mathei gůt den altē on die diechader. An sant matheus vnd mauricien tag gůtt den alten on die schinbain vnd ercznÿ nemen in allen dingen Frytag vnd sambstag nach mathei mittel den iungen on die frowenader vnd ercznyen mit pillulen ¶ Der ander herbstmõd an suntag vnd montag vor francisci vnd am tag mittel den iungen on die lungader / ercznÿen mit electuarien. Dinstag mitwoch vnd donerstag vor galli mittel den iungen on die schamader vnd ercznÿen mit getranck. Frytag vnd sambstag vor galli gůt den alten on die diechader. Dinstag vnd mittwoch nach galli gůt den alten on die schinbain / vnd ercznÿ nemen in allen dingen Donrstag frytag vnd sambstag nach galli mittel den iungen on die frowenader vnd ercznÿen mit pillulen. Suntag vnd montag nach sant symons tag mittel den iungen on die lungader vnd ercznÿen mit electuarien ¶ Der drit herbstmond : Sambstag vnd suntag nach aller heiligen tag gůt den alten on die lendader vñ ercznÿ nemen in allen dingē Montag vnd dinstag nach martini gůt den alten on die schinbain vnd ercznÿ nemen in allen dingen. An sant elsbeten tag vnd den nächsten darnach gůtt den alten on die höbtader. ¶ Der wyntermond : An sant barbaren abent vnd tag gůtt den alten on die lendader / vnd ercznÿ nemen in allen dingen. An sant lucien abent vnd tag gůt den alten on die schinbain vñ ercznÿ nemen in allen dingen. Mittwoch donrstag vnd frytag nach lucie mittel den iungen on die frouwenader vnd ercznÿen mit pillulen. Frytag vnd Sampstag nach der vnschuldigen kindlin tag gůtt den alten on die lendader / vnd ercznÿ nemen in allen dingen

Geben vß Vlm : durch Johannem zainer von Rütlingen.

Beilage 1. Kalender mit Bezeichnung der für Aderlaß und den Gebrauch von Arzenei bestimmten Tage. 1474. Gedruckt von Joh. Zainer in Ulm. München, Hofbibliothek. Hain 9727.

Abb. 42. Aderlaß an einer Frau. Holzschnitt aus: A. Sytz, Traktat von Aderlassen. Landshut, Weyßenburger, 1520.

Macht süßen Schlaff und reine Sinn
Hilft Ohrn, macht Kraft, giebt gute Stimm."

Für sehr wichtig hielt man es, daß das Aderlassen bei bestimmten Krankheiten nur an gewissen Adern vorgenommen wurde, die auf Aderlaßkarten genau bezeichnet waren. So heißt es im Aderlaßbuche: „Es ist auch eine Ader auff dem zeigfinger, die Anatomici nennen sie Salvatellam. Dieselbige schlägt man auff der rechten Hand in Verstopfung der Lebern und auf der linken in Verstopfung der Miltz." In den Salernitaner Gesundheitsregeln heißt es dem entsprechend:

„Ein Ader genannt die Salvatell
Hilfft der Leber und Miltz, macht d' Stimm hell,
Sie reinigt umb die Brust und Hertz
Davon vertreibt sie offt den Schmerz."

Nach Geilers „Weltspiegel" aus der Zeit um 1500 wurde der Aderlaß gegen eine Frau mit Erfolg angewandt, die mit einem Pfaffen Untreue gegen ihren Mann begangen hatte: „Da thet der Mann ein Ding und schickt von Stund an den Scherer, ließ ihr die Adern auff den Fueßen und Henden schlahen unnd das boeß Gebluet herauß lauffen, da vergaß sie nachmals des Pfaffen und fragt ihm gantz nicht nach." Nicht immer war der Erfolg des Aderlassens der erwartete. Zuweilen trat bei diesen Blutabzapfungen die Ohnmacht ein, und in einzelnen Fällen „ist Aderlassen ein Ursach des Todes."

Eine andere Art der Blutentziehung war die mittelst der Schröpfköpfe oder Ventosen. Während man im Altertum als solche Hörner benutzte, aus denen man durch eine obere Öffnung die Luft aussog und die Öffnung alsdann mit dem Finger oder mit Wachs verschloß, dienten im Mittelalter zu diesem Zwecke weithalsige Gefäße aus Metall oder Glas. Ein Aderlaßbuch des 16. Jahrhunderts sagt: „Das Aderlassen zeucht das Blut von tieffen heraus vom Leib, nemlich von dem

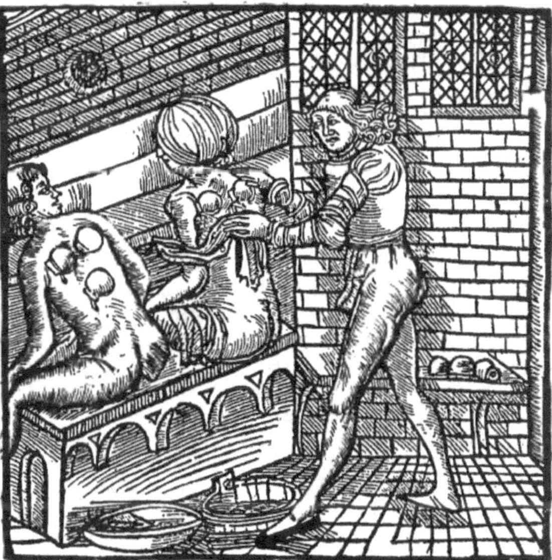

Abb. 43. Aufsetzen von Schröpfköpfen. Holzschnitt aus: Eyn nyge Kalender recht hollende. Lübeck, Steffen Arends, 1519.

Abb. 44. Öffentliche ärztliche Besichtigung der Bestandteile zur Bereitung des Theriaks, welcher vorwiegend von den „Triackerskrämern" feilgehalten wurde. Holzschnitt aus: H. Brunschwig, Destillierbuch über die zusammen gethane Ding. Straßburg, Grüninger, 1512.

Herzen, Lunge u. s. w. . . . So zeucht aber das Schrepfen und Ventosen allein das Blut, so am äußersten am Fleisch und an der Haut steckt."

Eine Anzahl von Krankheiten, deren Behandlung gefährliche wundärztliche Eingriffe erfordert, durch welche leicht Körperschaden oder ein plötzlicher Tod des Kranken eintreten kann, wurde in der Vorzeit sowohl von den gelehrten Ärzten wie auch von den gewöhnlichen Wundärzten völlig vernachlässigt. In dem im 14. Jahrhundert erschienenen Werke von Guy de Chauliac sagt der Verfasser, wegen Unsicherheit des Erfolges hätten alle gescheidten Männer die Operation des grauen Staares den fahrenden Heilkünstlern überlassen. Ähnlich sprachen sich andere Ärzte des Mittelalters aus. Durch solche Gepflogenheiten bildete sich neben dem ansässigen Heilpersonale ein Stand von fahrenden Heilkünstlern heran, der die blutigen und schwierigen Operationen ausführte. Die wichtigsten dieser heilkundigen Landfahrer waren die „Starstecher" und „Oculisten", die „Bruch- und Steinschneider" und die Zahnbrecher, welche vom Mittelalter bis zum 18. Jahrhundert die deutschen Lande gleichmäßig durchzogen. Schon Geiler von Kaisersberg schreibt in seinem Weltspiegel von solchen herumziehenden Heilkünstlern: „Weiteres wie viel die alten Weiber, Triackerskrämer, Zanbrecher und andere unerfahrene mehr mit ihrer Kunst geheilet haben, weiß ein jedlicher wol, also das sie etliche gelemdt, etliche blindt, etliche gar dem alten hauffen haben zugeschickt, und ist solchen Kunden recht geschehen, inndem sie die guten Artzt veracht haben unnd sein solchen Leutbescheissern nachgevolget." Der von den „Triackerskrämern" feilgebotene Theriak war meistens gefälscht. Die deswegen eingeführte ärztliche Beaufsichtigung der Theriakbereitung ist schon oben erwähnt worden.

Die Kunst der fahrenden Zahnkünstler ging nicht über das Ausziehen von Zähnen und den Verkauf von Zahnheilmitteln hinaus. Die letzteren waren in der Vorzeit meistens sehr energisch. „Vor den wetagen der czeene" empfiehlt Pfolspeundt (1460) ein Zahnpulver aus Sandstein und Pfeffer zu gleichen Teilen. Dieses Pulver wurde an die schmerzenden Zähne gelegt, „bis es nümmer beißt noch hitzt, dornach ßo waschs mith einem wasser auß dem munde." Nach mittelalterlicher Anschauung, die auch von dem Salernitaner Platearius vertreten wird, entstanden manche Zahnleiden durch zahnfressende Würmer. Diese entfernte man in der Weise, daß der Kranke, unter einem Leinentuche sitzend, auf ein glühendes Kohlenbecken Bilsensamen streute, hierüber einen Blechtrichter stülpte und den Rauch des narkotischen Samens durch das Trichterrohr an den leidenden Zahn leitete. Durch die narkotische Wirkung des Bilsenrauches verschwinden die Schmerzen. Auf dem glühenden Kohlenbecken springt der weiße Kern des Bilsensamens aus der grauen Schale heraus und wird von der unwissenden Menge leicht für den bösartigen Wurm des Zahnes angesehen.

Neben den herumziehenden Augenärzten gab es im Mittelalter auch schon einige seßhafte, von denen 1366 einer in Speier und 1372 einer in Eßlingen genannt wird. Auch berichten geschichtliche Überlieferungen von Frauen, die im 15. Jahrhundert sich in Frankfurt a. M. mit der Augenheilkunst befaßt haben. Eine sehr wichtige Rolle in der Augenheilkunst spielten die Brillen. Die erste Herstellung dieser Doppelgläser soll um 1290 stattgefunden haben, ihre Erfindung wird dem sehr geschickten Mönche Alexander von Spina oder dem Salvino degli Amati zugeschrieben. Durch die periskopische Schleifart der sphärischen Gläser durch Wollaston und weiter durch die cylindrische Schleifart der Gläser durch den Schweizer Geistlichen Schnyder wurden die ur-

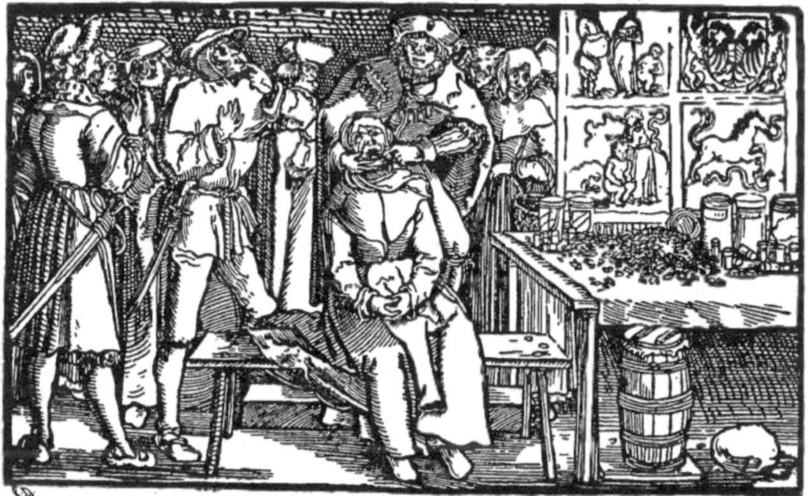

Abb. 45. Ein Zahnbrecher in öffentlicher Ausübung seiner Kunst auf dem Jahrmarkt. Holzschnitt aus: Petrarca's Trostspiegel. Augsburg, Steyner, 1531.

Abb. 46. Brillenhändler. Kpfr. von J. Collaert ca. 1520—67 nach Joan. Stradanus.

sprünglich mangelhaften Brillen sehr gebessert, sodaß sie ihre heutige Vollkommenheit erreichten. Obenstehendes Bild zeigt den Verkauf und den Gebrauch der Brillen in früherer Zeit.

„Die Tryackerskrämer, Zanbrecher, Landstreicher, Teufelsbeschwerer und die alten Weiber, welche die Zeit nie kein Buchstaben auff die Artzeny gestudieret haben" pflegten, wie Geiler von Kaisersberg schon erwähnt, die Kranken mit großem Geschrei an sich zu locken, sodaß der Ausdruck: „er hat ein geschrey wie ein Zanbrecher oder Tryackerskrämer" zum Sprichwort geworden war. Der Ausdruck Charlatan (vom ital. ciarlare schwatzen) ist von dem Geschwätz der Marktschreier abgeleitet. Das Treiben derartiger fahrender Zahnbrecher und Theriakskrämer ist von vorzeitlichen Malern und Zeichenkünstlern vielfach dargestellt worden. Sehr oft war der in einen Talar würdig gehüllte fahrende Heilkünstler mit einem in bunter Narrenjacke gekleideten Hanswurst geschäftlich vereinigt, der durch derbe Späße und Possen und durch Trompetenstöße die Kundschaft anzulocken hatte und weiter auch verpflichtet war, die große Kunst seines Meisters zu rühmen. Zum Schauplatz diente dem Künstlerpaar eine Marktbude oder eine öffentliche Tribüne, welche mit Teppichen, chirurgischen Werkzeugen, Arzneistandgefäßen, Doktordiplomen und Attesten herausgeputzt war. Sehr oft übernahm der frühere Possenreißer später die Rolle seines Herrn und Meisters und übte dessen Heilkünste auf eigene Rechnung aus.

Alle diese Pfuscher, welche Murner meint, wenn er in seiner Schelmzunft sagt:

„Manche lassen sich Doktoren schelten,
Und wissen nicht, was die Rüben gelten,"

wurden vom gemeinen Volke als Ärzte angesehen und bezeichnet.

Besonders die ländliche Bevölkerung liebte es in der Vorzeit, wie noch heute, bei Krankheiten Quacksalbereien, abergläubische Mittel, Beschwörungen und Zauberkünste zur Heilung in Anwendung zu bringen. Diese Kuren wurden besonders von alten Weibern, fahrenden Studenten, Scharfrichtern, Totengräbern u. s. w. vorgenommen. Im 13. Jahrhundert rügt Berthold von Regensburg in seinen Predigten bei den Frauen, „daz sie mit zouberie umbegant, so sin rucke swirt oder swaz ez denne ist", und meint: „Ez sî wîp oder man, die mit zouber unde mit lüppe umbe gênt, die sint êwicliche verlorn an lîbe und an sêle." Schon Brant geißelt in seinem Narrenschiff den Arzneinarren, der den richtigen Arzt verschmäht „und volget alter wiber rott und loßt sich segen in den dott, mit kracter und mit narren wurtz."

Im Mittelalter suchte man die männlichen Ärzte möglichst von dem weiblichen Geschlechte fern zu halten. So war es den Ärzten nach den westgotischen Gesetzen des 6. Jahrhunderts ausdrücklich verboten, den Frauen in Abwesenheit ihrer Verwandten die Ader zu schlagen. In den deutschen Städten finden sich im Mittelalter neben den Hebammen noch andere arzneikundige Frauen. In Mainz wird ein derartiger weiblicher Arzt im Jahre 1288 erwähnt, und nach einer Nachricht vom Jahre 1394 half in Frankfurt die Tochter eines Arztes die verwundeten Söldner „arzten." In Frankfurt werden weiter während des ganzen Mittelalters jüdische Ärztinnen genannt. Im Anfange des 15. Jahrhunderts genoß dort eine jüdische Ärztin Zerline besonders für die Behandlung von Augenleiden ein hohes Ansehen. Zur Anerkennung ihrer Leistungen erhielt sie die Erlaubnis, außerhalb der Judengasse ihre Wohnung zu nehmen. Einer etwas später in Frankfurt lebenden, von auswärts hereingezogenen jüdischen Ärztin wurde, um sie zum Dortbleiben zu veranlassen, die Zahlung des üblichen Schlafgeldes erlassen. Nach einer Urkunde vom 2. Mai 1419 erlaubte der Bischof Johann II. von Würzburg der „Judenärztin Sarah", gegen jährliche Zahlung von 10 Gulden die Heilkunst im ganzen Bistum auszuüben. Ihre Praxis war so gewinnbringend, daß sie sich alsbald aus dem Ertrag ein Rittergut kaufen konnte. Auch in dem mittelalterlichen Heilheere Nürnbergs werden als anerkannte Medizinalpersonen „ehrbare Frauen" oder „assidentes matronae" aus ehrbarem Geschlechte genannt.

Im Jahre 1463 sind 7, 1486 bereits 23 heil-

Abb. 47. Theriakhändler beweist die giftwidrige Wirkung seines Theriaks durch das Vorzeigen e. Schlange. Kpfr. von H. Curti nach G. M. Mitelli (1634—1718).

Abb. 48. Darstellung einer Geburt. Holzschnitt aus: Cicero, de officiis. Augsburg, Steyner, 1531.

kundige ehrbare Frauen in der Nürnberger Stadtgeschichte erwähnt.

Im 16. Jahrhundert traten zu diesen noch die „geschworenen Frauen" aus dem Handwerkerstande. Dieselben wurden in Ulm als „Führerinnen" bezeichnet und hatten sich neben den Hebammen mit der Behandlung von Frauenleiden zu befassen. Die „geschworenen Frauen" und Hebammen waren den „ehrbaren Frauen", welche in Augsburg „Obfrauen", in Ulm „Oberhändige Frauen" genannt wurden, untergeordnet. Diese Obfrauen waren meistens aus ehrbarem Geschlechte und hatten gemeinschaftlich mit den Ärzten die Prüfung und Beaufsichtigung der Hebammen zu vollziehen.

Die städtischen Behörden suchten, wo es nötig war, durch Zahlung von Gehalt dafür zu sorgen, daß tüchtige Hebammen zur Verfügung standen. In den Nürnberger Stadtrechnungen vom Jahre 1381 heißt es: „Item dedimus Lugenin 3 haller darumb, daz sie den burgern iren dienst geheißen hat, und ein hebam sol sein, und man sol ir furbaz alle cottember geben 1 guldein."

In den Jahren von 1442 bis 1560 finden sich durchschnittlich in den Nürnberger Ämterbüchern 12 bis 15 Hebammen verzeichnet. Nürnberg hatte damals etwa 20 bis 30 Tausend Einwohner.

Die Hebammen hielten Lehrmägde, welche nach erfolgter Prüfung selbst zu Hebammen oder „Bademuhmen" gemacht wurden. Camerarius meint: „man sol zu dem ambt keine nehmen, die nit zuvor im Ehestande gelebt und zum ostermahl selber an ihr erfahrn hatt, was kinder haben und geboren erfordert."

In ähnlicher Weise, wie heute die Diakonissinnen die Krankenpflege ausüben, widmeten sich dieser schon im Mittelalter die Beginen, Seelweiber oder Seelnonnen, welche im 13. Jahrhundert schon über ganz Deutschland verbreitet waren. Der Priester Lambert le Bègues soll diese halbkirchliche Genossenschaft im 12. Jahrhundert in den Niederlanden gestiftet haben. Es ist zweifelhaft, ob der Name Begine von diesem Stifter, oder von dem französischen Namen der weißleinenen Haube (béguin), die diese Pflegeschwestern trugen, herrührt. Im späteren Mittelalter war die Genossenschaft der Beginen ganz weltlich. Sie lebten ehelos in kleinen, ihnen durch Barmherzigkeit gestifteten Häusern und übten auch in ihrer eigenen Wohnung, meistens jedoch in den Privathäusern die Krankenpflege aus. Sie besuchten außerdem die Gefangenen, trösteten sie und leisteten ihnen kleine Dienste. Bei Beerdigungen erschienen sie als Klageweiber und verrichteten die Totenwache an den Gräbern. In Nürnberg waren es namentlich alte Dienstboten, welche in die Genossenschaft der „Seelnonnen" eintraten. Für die von ihnen geleisteten Dienste der Barmherzigkeit und christlichen Liebe erhielten sie kleine Geschenke, von denen sie lebten.

Die häusliche Krankenpflege lag im Mittelalter, wie auch noch später, ganz in den Händen der Frauen. Zu einem wohlgeordneten Haushalte gehörte neben der Hausapotheke ein Arzneibuch, welches die Behandlung der Krankheiten lehrte. Von solchen in Deutschland verfaßten Werken ist wohl das älteste, das auf unsere Zeit gekommen ist, die „Physica" der arzneikundigen heiligen Hildegard. Dieselbe lebte in der Mitte des zwölften Jahrhunderts und schrieb in lateinischer Sprache ihr Buch für das Benediktinerinnenkloster auf dem St. Ruprechtsberge bei Bingen, in dem sie Aebtissin war. Hildegard erklärte die Entstehung der Krankheiten aus einem Überschusse und einer Verderbnis der Säfte des Körpers, welche zuweilen, gleich einem aus seinem Bette tretenden Flusse, die Körper überfluten und in den Gefäßen und Eingeweiden desselben Sturm erregen. Ihre Arzneimittel sind nicht ausschließlich die des klassischen Altertumes, und die vielfach in den lateinischen Text aufgenommenen Namen der Arzneimittel deuten darauf hin, daß die heilige Hildegard teilweise ihre medizinischen Kenntnisse aus dem Volke, von Wurzelgräbern und Kräuterweibern erlernt hat.

Ein weiteres für das Volk geschriebenes Arzneibuch, ist das des Ortolff von Bayrland, der um das Jahr 1400 in Nürnberg oder in Würzburg als Arzt thätig war. Dieses „Arztbuch" wurde schon im Jahre 1477 in Nürnberg gedruckt und scheint dem Geschmacke und den Bedürfnissen dieser Zeit sehr entsprochen zu haben, denn es erlebte trotz vieler darin enthaltenen Ungeheuerlichkeiten in den verschiedensten Städten eine Anzahl Nachdrucke und Auflagen.

Auch in der Form von Lehrgedichten wurden dem deutschen Volke im Mittelalter die Anweisungen zur Hausapotheke geboten. Als ein derartiges Werk ist in erster Linie zu nennen das „Confektbuch," das der Nürnberger Meistersänger Hanz Folz 1485 verfaßte. Das Wort Konfekt hat hier die Bedeutung von zubereiteter Arznei.

„Was aber die capitel sein
Dis puchs, thu ich zuletzt hie schein.
Der zwelffe sind, als ich euch vort
Erklären will von wort zu wort.

Abb. 49. Häusliche Krankenpflege eines Wassersüchtigen. Rechts ein Arzt im Talar mit Barett und neben ihm ein Wundarzt. Holzschnitt von H. Burgkmair aus: Avila, Regiment der Gesundheit. Augsburg, Steyner, 1536.

Abb. 50. Bild von einer Konfektschachtel des 16. Jahrhunderts. Holzschnitt aus dem 16. Jahrhundert. Berlin, Kupferstichkabinet.

Ich mein von zwelfferlei specerei,
Do ich ir craft auch melde pei."

Die alsdann besprochenen Arzneistoffe sind: Anis, Kümmel, Koriander, Nelken, Zimmt, Kubeben, Mandeln, Ingwer, Pfeffer, Pfirsich- und Weichselkern, Fenchel und Muskatblüte im überzuckerten Zustande. In dem ältesten Abdrucke des Konfektbuches ist auf einem Holzschnitt eine Konfektbüchse in Form eines Buches dargestellt. Ein solches zwölffächeriges Konfektkästchen besitzt heute noch die Wolfenbüttel'sche Bibliothek. In der Sammlung des germanischen Museums befindet sich eine runde zwölffächerige Konfektschachtel aus dem 15. Jahrhundert. Der Deckel derselben ist mit gotischen Ornamenten verziert. Oft waren die Deckel der Schachteln, in denen die Würzkonfekte in den Handel kamen, mit Bildern geschmückt, wie die obenstehende Abbildung ein solches zeigt.

Zu den diätetischen Mitteln der Heilkunst und zu den Annehmlichkeiten des Daseins gehörte in allen Zeiten das Baden. Man unterschied im Mittelalter schon, ebenso wie heute, Flußbäder, Mineralbäder und künstliche Bäder. Die mineralischen Bäder wurden schon in früheren Jahrhunderten nicht nur von wirklich Kranken, sondern auch von der vergnügungsbedürftigen Menschheit besucht. Nach einem Briefe aus der Zeit des Konstanzer Konzils badeten zu Baden in der Schweiz in den öffentlichen Bädern Männer und Weiber, Jünglinge und Mädchen zugleich zusammen. In den Privatbädern waren die Badebecken für die beiden Geschlechter durch eine mit Fenstern versehene Bretterwand zwar in zwei Teile geteilt, indessen so, daß sich die Badenden stets berühren und unterhalten konnten. Die Weiber trugen ein leinenes Hemd, die Männer eine Art Schürze oder Schwimmhose, das Bruch genannt. Nach dem mittelalterlichen Kurgebrauch wurden die Bäder wesentlich andauernder benutzt als heute. Hans Folz schreibt in seinem um 1480 erschienenen Buche über Bäder von dem Wildbad im Schwarzwald:

„Zum ersten pad auf's wengst, verste,
Und alle tag einer stund me,
doch über zehen stund kein dag.
in diesem pad ein jeder mag
on speis und tranck gar wol bestan,
pis man sust sol zu tische gan."

Die letzten Worte dieses Reimwerks richten sich gegen die an manchen Orten übliche Sitte, sich während des Badens mit Zechen und Schmausen die Zeit zu vertreiben. Trotz des Verbotes der Ärzte nahmen viele Leute Wein mit in das Bad. Ersichtlich wird dies nicht nur aus den bildlichen Darstellungen der Vorzeit, sondern auch schriftliche Überlieferungen erzählen davon. So mahnt ein altes Badegesetz:

„Nimm mit dir ein weinkandel
Und bekommst du in pad ein handel,
So sei stets willig und bereit,
Zu büßen mit dem Kandel dein tumpheit."

Um die Langeweile zu vertreiben, übten die im Bad Sitzenden gemeinsam Musik und Gesang. Da nun die mittelalterlichen Bäder, ebensowenig wie die modernen, Orte zur Pflege christlicher Askese und kindlicher Unschuld waren, so gesellte sich zur Erhöhung der Freuden des

Tractat der Wildbeder natuer wirckung vnd eigentschafft mittsampt vnderweisung wie sich ein yeder bereiten sol ee er badet/auch wie man baden/ vnd ettliche züfell der badenden wenden sol/Gemacht mit grossem fleiß. durch Laurentium Phriesen der freien kunst vnnd artzny doctorem. Neptunus

Cum Priuilegio

Abb. 51. Gemeinsames Bad mit Schmauserei u. Musik. Titholzschn. von E. Schlitzoc zu: L. Phries, Traktat der Wildbäder. Straßburg 1519. Nagler, M. III 1753, 4.

4

Abb. 52. Bad Ems im 17. Jahrhundert. Kpfr. von Merian. München, Kupferstichkabinet.

Badelebens zum Wein und Gesang meistens noch das Weib.

Auch sonst ward die Geselligkeit in denselben in jeder Weise gepflegt. Hans Folz erzählt von einem oberschwäbischen Bade:

„do macht sich mancherley geschick
von essen, trinken, tanzen, springen,
steinstoßen, lauffen, fechten, ringen,
seitenspil, pfeiffen, singen, sagen,
eyn ander von vil sachen fragen u. s.w."

Von den deutschen Badeorten, welche Hans Folz bespricht, sind die wichtigsten Gastein, Wiesbaden, Ems, Wildbad, Pfeffers und zum Ellnbogen bei Eger.

Manche dienten gegen andere Leiden als heute. So heißt es von Ems:

„Zu Ems ein pad do selbest um
wer pades halben do hin kum,
ist mer um Lust dan um gesunt,
doch wem kalt fluß und kretz we dunt,
die werden schnell geheilet do."

Da die chemische Analyse noch zu wenig entwickelt war, so kannte man die wirksamen Stoffe der Mineralquellen nicht. Es stützten sich die damaligen Angaben über solche nur auf Vermutungen. Man nahm von den Quellwassern z. B. folgendes an:

„Und durch was Ertz sie rinnen thun,
Nemen sie ir Eigenschaft davon."

Schon im Mittelalter wurde aus dem Rathausberge zu Gastein Gold zu Tage gefördert. Folz schreibt deswegen von dem Gasteiner Wasser:

„Ein pad in der gastein, verstet,
von eim bewerten golderzt get
swefel, alaun, arsenicum
ist auch sein mischung do darum."

Der moderne Chemiker kann diese Stoffe ebensowenig in dem Wildbade von Gastein auffinden wie den „Alaun" in dem Wasser von Baden-Baden

Von heilsamen Bädern/
Von dem Plumberszbad.

Abb. 53. Gemeinsames Bad beider Geschlechter in Plummers (Plombières) in den Vogesen. Titelholzschnitt aus: J. J. Huggelin, Von heilsamen Bädern des Teutschenlands. Mühlhausen, 1559.

und das „Blei“ in der Heilquelle von Plummers (Plombières) in den Vogesen.

Eine wichtige Rolle im deutschen Volksleben spielte in jener Zeit die Badstube, welche im Niederdeutschen Stove oder Staven und von den Lateinschreibern Stupha genannt wurde. Ursprünglich war der Ausdruck „Stube“ nicht mit „Zimmer“ gleichbedeutend, sondern man verstand darunter nur den Raum, in dem die warmen Bäder genommen wurden. Wenn in den Badstuben auch Wannenbäder mit verabreicht wurden, so nahm man daselbst doch vorwiegend Schwitzbäder, welche für ein vorzügliches Schutzmittel gegen den nach den Kreuzzügen in Deutschland so sehr verbreiteten Aussatz galten. Bis zum 12. Jahrhundert scheinen nur die römischen Schwitzbäder, bei denen trockne, erhitzte Luft in Wirkung tritt, bekannt gewesen zu sein. Die Verwendung heißer Wasserdämpfe stammt aus Rußland, und die Kenntnis dieser Badeart wurde von dort im 12. Jahrhundert durch Handelsreisen deutscher Kaufleute mit in unsere Heimat gebracht. Der Kirchenvater Nestor berichtet aus dem Dnjeprlande: „Ich sah hölzerne Bäder und darin steinerne Oefen, die sie scharf heizten. Sie begießen sich die Haut mit lauem Wasser und nehmen Ruten oder zarte Baumzweige und fangen an, sich damit zu peitschen, gießen indes

Abb. 55. Gemeinsames Bad für beide Geschlechter in der Schweiz. Holzschnitt aus: Joh. Stumpf, Schweizerchronik. Zürich, Froschauer, 1548.

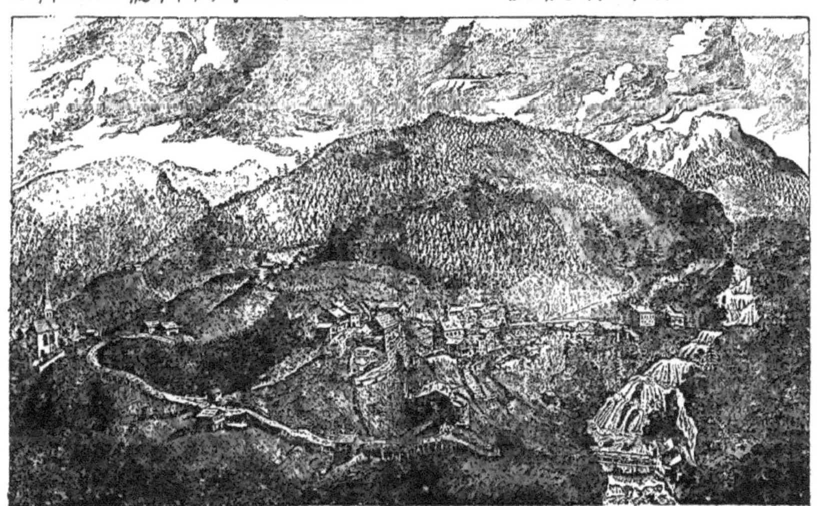

Abb. 54. Bad Gastein im 17. Jahrhundert. Gleichzeitiger Stich. München, Kupferstichkabinet.

Abb. 56. Badestube mit Darstellung eines Wannenbades und Abgießung. Holzschnitt aus: Michael Hero, Schachtafeln der Gesuntheyt. Straßburg, Schott, 1533.

Wasser auf die Steine und peitschen sich so arg, daß sie kaum lebendig herauskriechen, worauf sie sich mit kaltem Wasser begießen.“ In den Schwitzbädern der deutschen Badstuben wurde die Entwicklung heißer Wasserdämpfe durch Übergießen erhitzter Steine mit Wasser erreicht.

Bei gewissen Krankheiten nahm man zur Dampferzeugung statt des Wassers Kräuterabkochungen. Zur Darreichung solcher Heilschwitzbäder dienten oft kleinere Schwitzkasten, in denen der Kranke saß, und aus welchen nur der Kopf herausschaute. Die allgemeinen Schwitzbäder unterschieden sich von den russischen dadurch, daß man sich am Schlusse nicht mit kaltem, sondern mit lauem Wasser oder Lauge übergießen ließ.

Um die Hautthätigkeit und die Ausdünstung durch die Poren noch zu erhöhen, wurden die Badenden jedoch ebenso mit Laubbüscheln und Badwedeln sanft gepeitscht und oft auch noch geschröpft. Weiter besorgten die Bader auch die Haarpflege und die Behandlung von Geschwüren und Hautleiden. In dem Baderaum befanden sich eine Anzahl Bänke über einander, auf denen die Badenden, meist in Gesellschaft nackend neben einander, lagen. Die Bader standen besonders in dem Rufe, daß sie die Flüssigkeiten nicht nur äußerlich, sondern auch innerlich gern benutzten.

An einigen Orten waren zwar besondere Männer- und Frauenbäder getrennt von einander eingerichtet, an anderen Orten war es jedoch, wie erwähnt, nicht Sitte, daß die Geschlechter während des Badens von einander geschieden blieben. (Eine Reihe charakteristischer Bilder aus dem Badeleben wird übrigens in der Monographie über die Sittlichkeit früherer Zeiten veröffentlicht werden.)

Namentlich Ehepaare, oft aber nur durch lose Bande mit einander verknüpfte Pärchen, nahmen gemeinsam die Schweiß- und Wasserbäder. Von den 700 fahrenden Weibern, welche im Anfange des 15. Jahrhunderts während der Kirchenversammlung nach Konstanz gezogen waren, wohnte eine große Anzahl in den Badstuben. Während an manchen Orten der Dienst in den Bädern nur von dem Bader und seinem Gesellen besorgt werden durfte, waren anderswo zu diesem Zwecke nur Badmägde angestellt. So diente damals die Badstube nicht nur zur Gesundheit und Reinlichkeit, sondern es waren auch Orte des materiellen Genusses und unmoralischer Freuden.

Wenn das Bad gerichtet war, gab der Badknecht vor der Thür durch Ausrufen, Hornblasen und Beckenschlagen seiner Kundschaft hiervon Kenntnis. Namentlich abends vor den Sonn- und Feiertagen strömte dann die Bevölkerung, arm und reich, in Schaaren zu den Badstuben.

Abb. 57. Glocke zu Dampfeinatmungen mit dem darunter befindlichen Kranken. Holzschnitt aus: H. Brunschwig, Destillierbuch. Straßburg, Grüninger, 1512.

Abb. 58. Männerbad im Anfang des 16. Jahrhunderts. Aus einem Holzschnitt von A. Dürer. Berlin, Kupferstichkabinet. B. 128.

jeelich Jud paden in der Juden patstuben und in keiner andern; swer daz brichet, ez si Jude oder Judein, als oft muz er geben ain pfunt und der bader 9 haller."

Ihre Blütezeit hatte die deutsche Badestube vom 13. bis zum 16. Jahrhundert. Als sich dann die Lustseuche so sehr verbreitete, galt sie als Ansteckungsheerd dieser Krankheit.

Schon im Jahre 1496 gebot deswegen der Nürnberger Rat „allen padern bei einer poen zehen gulden, das sie darob und vor sein, damit die menschen, die an der Newen Krankheit, malum Frantzosen, befleckt und krank sein, in Irn paden nicht gepadet, auch Ihr scheren und laßen, ob sie zu denselben kranken menschen scheren und lassen giengen, die Eissen und Messer, so sie bey denselben kranken Menschen nutzen, darnach in den padstuben nit mer gebrauchen."

So kamen allmählich die im 12. Jahrhundert wegen des Aussatzes allgemein eingeführten Badstuben im 16. Jahrhundert wegen der Franzosenkrankheit mehr und mehr außer Gebrauch.

Eine der gräßlichsten Krankheiten des Mittelalters ist der eben erwähnte Aussatz, welcher auch mit dem Namen „Malzey, Miselsucht" oder „Lepra" bezeichnet wurde und der in Deutschland in der Zeit vom 12. bis 17. Jahrhundert hauste. Die nebenstehende Abbildung bietet eine Darstellung des Aussatzes aus dem 16. Jahrhundert. Man sieht den Hiob, den der Herr in die Hand des Satans gab. „Da fuhr der Satan aus vom Angesichte des Herrn und schlug Hiob mit bösen Schwären von der Fußsohle an bis auf seinen Scheitel." Vor dem aussätzigen Hiob steht sein ihn höhnendes Weib und spricht entsprechend der biblischen Erzählung: „Segne Gott und stirb." In dem Durcheinander von verschiedenen Hautkrankheiten, die man als Aussatz bezeichnete, befand sich der böse, knollige

Abb. 59. Hiob als Aussätziger. Holzschnitt aus: H. von Gersdorf, Feldtbuch der Wundarzney. Straßburg, Joh. Schott, 1540.

Den Dienstboten gab man in jener Zeit statt des Trinkgeldes ein Badgeld.

Dafür, daß auch die Ärmsten des Volkes den Genuß der Badstuben haben konnten, sorgten viele Stiftungen zu sogenannten „Seelenbädern", die dazu bestimmt waren, den Armen Eintritt in jene zu verschaffen.

Nur die Juden, welche im Mittelalter allgemein verachtet waren, durften die öffentlichen Badstuben nicht besuchen. Sie hatten ihre eigenen Bäder. In Augsburg wurde für sie ein solches im Jahre 1290 eingerichtet.

Auch die Nürnberger Polizeigesetze des 13. Jahrhunderts schreiben vor: „Es sol auch ein

Aussatz. Es entwickelten sich bei diesem an den Händen, den Füßen und an dem Rumpf unter der Haut erhabene Knoten, das Gesicht färbte sich kupferroth, die Nase schwoll an. Der Blick ward wild, satyrartig, die Zähne schmierig, der Mund voll fließenden Speichels, der Athem stinkend und die Stimme heiser. Diese Erscheinungen blieben oft jahrelang. Alsdann fingen die Knoten an, sich zu erweichen und verwandelten sich zu stinkenden Aussatzgeschwüren. Durch diese wurden die Gelenkbänder zerrissen, daß Finger und Zehen, seltener auch Hände und Füße abfielen. Unter grausamen Leiden nahte endlich der erlösende Tod. Im Allgemeinen hielt man die Miselsucht für unheilbar. Der päpstliche Leibarzt Guy de Chauliac zu Avignon (um 1360) empfahl gegen die Krankheit Diät und ableitende Mittel, warnte aber vor dem Aderlaß. Als weiteres Heilmittel ließ er Schlangen mit Wein, Wasser und Gewürzen abkochen. „Und supff die brüe und iß das fleysch." Auch ein Schlangenwein, durch Ausziehen von anfänglich lebenden Schlangen in Wein bereitet, wurde gegen dies Leiden empfohlen. Von einem furchtbaren Mittel gegen die Miselsucht zu derselben Zeit erzählt Konrad von Würzburg in seiner Legende vom heiligen Sylvester. Nach dieser Erzählung litt Kaiser Konstantin der Große am Aussatz. Die Meister vom Kapitol rieten ihm, wenn er völlig genesen wolle, in dem Blute unschuldiger Kinder zu baden.

Diejenigen Menschen, welche im Verdacht standen, aussätzig zu sein, hatten sich einer Beschauung durch Ärzte, Geistliche und geschworene Frauen zu unterziehen. Die mit schweren Formen behafteten wurden zur Aussetzung und Absonderung von den gesunden Mitchristen verurteilt. Nach einer kirchlichen Einsegnung erhielt der Kranke seine Kleidung, das sogenannte Lazaruskleid der Demütigung, und die für das abgesonderte Leben nötigen Gebrauchsgegenstände.

Abb. 60. Untersuchung eines Aussätzigen. Holzschnitt in der Weise Wechtlin's aus: H. von Gersdorf, Feldtbuch der Wundarznei. Straßburg, Joh. Schott, 1528.

Abb. 61. Ein mit dem Antoniusfeuer Behafteter streckt betend seine Hand zum St. Antonius, dem Schutzpatron gegen dasselbe. Holzschnitt aus: H. von Gersdorf, Feldtbuch der Wundtarzney. Straßburg, Joh. Schott, 1540.

Diese bestanden aus einem schwarzen Rock, auf dessen Brustteil zum Zeichen, daß die Hand des Herrn schwer auf dem Sondersiechen ruhe, zwei weiße Hände genäht waren, einem großen Hut mit weißem Bande, einem Paar Handschuhen, einem kleinen Fäßchen für Wasser, einem Korbe und einer Klapper. In Nürnberg bestand die Kleidung der Kranken aus einem wollenen Unterkleide, einem Mantel, einem Filzhute, auf dessen breit umgekrempeltem Rande das Bild des großen, von der Menschheit verstoßenen Dulders Christus zu sehen war, einem Bettelstab, einem Rosenkranz und einer Ratsche oder Klapper.

Die Aussätzigen lebten gemeinsam in Siechkobeln vor den Städten oder in Hütten auf dem Felde. Nur zu bestimmten Zeiten des Jahres hatten die „Sondersiechen" Erlaubnis, in die Städte zu kommen, um zu betteln und um ihre Bedürfnisse zu holen, die meistens aus den im Mittelalter zahlreich für sie gemachten Stiftungen und aus Almosen beschafft wurden. Jedem Begegnenden hatten die Kranken auszuweichen und durch Klappern oder durch Knarren mit der Ratsche und durch andere Abzeichen sich kenntlich zu machen. Wenn die unglücklichen Sondersiechen auch nicht als ehrlos galten, so führten sie, ausgestoßen aus der bürgerlichen Gesellschaft, gemieden von ihren früheren Freunden und Angehörigen, doch das traurige Dasein des Lebendigtotseins, von dem sie erst durch ihr Hinscheiden erlöst wurden.

Eine ähnliche, aber fast noch schlimmere Krankheit als der Aussatz war das heilige Feuer, auch das St. Antoniusfeuer oder Ignis Martialis genannt. Diese Krankheit wird als gangränöse Form des Ergotismus oder Mutterkornbrandes angesehen. Dieselbe trat schon im Jahre 857 in den Rheinlanden auf und kam bis zum 14. Jahrhundert in Spanien, England, Frankreich und in den westdeutschen Ländern wiederholt epidemisch vor. Nach den überlieferten Schilderungen wurden einzelne Glieder des Körpers von einem Feuer ergriffen, welches das Fleisch von den Knochen herunter zu brennen schien. Die Haut bekam Brandblasen, wurde kohlenschwarz, geschwürig, brandig und faul, so daß sich zuletzt ganze Glieder, namentlich Hände und Füße, vom Körper ablösten und wegfielen. Wenn die Krankheit die edleren inneren Organe ergriff, trat meistens der Tod ein. In den gegen die Geschwüre dieser Krankheit empfohlenen Salben befand sich teilweise schon Quecksilber. Im ganzen stand die Arzneikunst der Krankheit machtlos gegenüber. Die so schwer Leidenden nahmen deswegen zu den Heiligen ihre Zuflucht. Besonders stand der heilige Antonius als Helfer in Ansehen. Die Mönche des heiligen Antonius verteilten seit

Bericht auff dis neben gestelt bilde / von wegen des Aderlassens / welche Ader / vnd wo man die selben / in zeit der Pestilentz / nach jedes malns der fürgefallen note gelegenhait / zulassen pflegt / vnd lassen soll.

DEr Buchstab (A.) bedeut die Haupt Adern / zu Latein Cephalica, genant / die sol man lassen / wie die gestelt bildnüs zuerkennen gibt / vorn zwischen den daumen vnd zeiger / oder auff dem arm / wo man wil / wenn einem ein peül / am haubt / bey den oren auffert / Doch also / so der Peul auff der rechten seitten ist / dz als dañ dise ader auff derselben seiten / gelassen werde / ist er aber auff der lincken seitten / So mues man dieselben ader auff der lincken seiten lassen.

DEr Buchstab (B.) bedeut die leber ader / zu Latein Hepathica genant / die sol man lassen / zwischen dem kleinen finger vnd negsten dabei / man mag sie auch wol auff dem Arm lassen / Wann ein Peul an der rechten seitten / am hals oder bey den schultern auffert /

DEr Buchstab (C.) bedeut die miltzader zu Latein Saluatella genant. Die soll gelassen werden / auff der Lincken seitten / bey dem kleinen finger wie obstet / Wenn einem ein Peul / auff derselben seitten am hals / oder bey den schulttern auffert / mag aber auch wol am Arm gelassen werden.

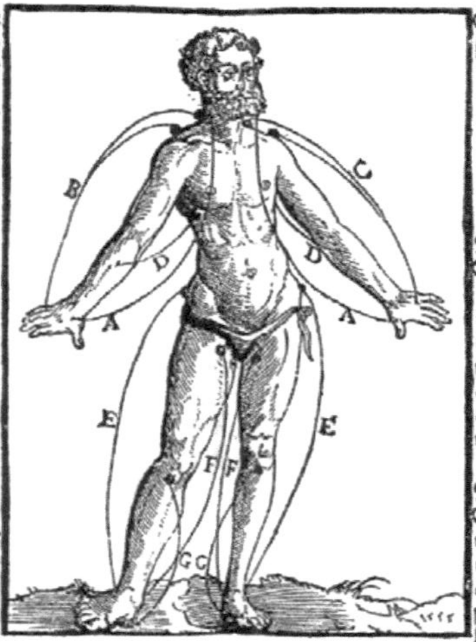

DEr Buchstab. (D.) bedeut die Lung ader / zu Latein Mediana genant / die lest man auff dem rechten Arm / Wenn einem ein Peul auff der rechten seitten vnder den vchsen auffert / feret aber einem ein Peul / vnder der lincken vchsen auff / so sol man dise Ader / auff dem lincken Arm lassen.

DEr Buchstab. (E.) bedeut die gicht Ader / zu Latein Schiatica genant / Die sol man lassen / auff der rechten seitten / ausser des fues / vnder dem knoden / Wenn einem ein Peul auff der rechten Tich aufferet / Do aber einem ein Peul auff der lincken Tich auffferet / Sol jme dise ader / auff der lincken seitten auch ausser des fues / vnder dem knoden / geschlagen werden.

DEr Buchstab (F.) bedeut die frawen od rose ader / zu Latein Saphena genant / dise lest man auff der rechten seitten / vnder dem knoden jnwendig des fues / so ein Peul / neben dem gemecht / an der rechten seitten aufferfert aber der Peul / auff der lincken seitten / bey dem gemecht auff / Alsdann lest man dise ader auch vnder dem knoden / des lincken fues inwendig.

DEr Buchstab (G.) bedeut die brandt / oder ruckader / zu Latein poplетica genant / Dise ader lest man auff der rechten seitten / bey der grossen zehen / Wann ein Peul / auff der rechten seitten / vnder dem knie aufferet / feret aber der Peul vnder dem lincken knie auff / So sol man dise ader bey der grossen zehen des lincken fues lassen.

DO sich aber jemants besorgt / ehe jme ein Peul auffert / der sol vnd mag / jme die leber ader schlagen / vnd wol lauffen lassen.

Jungen leuten vnter 11. jaren / vnd alten vber 70. jaren / auch schwangern frawen / mag man an stat der Aderlas köpffel setzen / als an stat der haupt ader / zwen köpff hinden an den hals / an stat der Median / auff die schuldern / an stat der leber ader auff die knüebugen oder arsbacken / vnd wol bicken lassen das viel bluts heraus gee.

Gedruckt zu Regenspurg durch Hansen Khol.

Beilage 2. Aderlaßtafel für die Behandlung der Pest. Gedruckt von H. Kohl. Regensburg 1555. Holzschnitt von Michael Ostendorfer. Nürnberg, Germanisches Museum. Nagler, M. IV, 2024, 25.

dem 11. Jahrhundert gegen das Leiden unter den Kranken das St. Antoniusbrot, nach dessen Genuß die Patienten genasen. Wahrscheinlich war dieses Geheimmittel nur ein Gebäck, das aus Getreide, frei von Mutterkorn, bereitet war.

Im Altertume verteilten die römischen Flurpriester durch Gebete an den Mars geweihte Brote, die gegen die Brotseuche schützen sollten. Hiermit wird es im Zusammenhang stehen, daß der Mutterkornbrand im Mittelalter auch als Ignis Martialis bezeichnet wird. Der sabinische Name des Mars ist Quirinus. Es ist also gewiß kein Zufall, daß der katholische St. Quirinus, der im Jahre 309 in Rom den Märtyrertod fand, als Beschützer gegen Seuchen galt.

Unter den epidemischen Krankheiten des Mittelalters nimmt aber wegen ihrer raschen und weiten Verbreitung jene den ersten Platz ein, die der Dichterarzt Hermann Lingg sprechen läßt:

„Erzittre Welt, ich bin die Pest,
Ich komm' in alle Lande
Und richte mir ein großes Fest,
Mein Blick ist Fieber, feuerfest
Und schwarz ist mein Gewande."

Den ersten klaren Bericht über die Beulenpest, die der Dichter mit diesen Versen einführt, lieferte Prokopius durch seine Beschreibung der justinianischen Pest, welche im 6. Jahrhundert namentlich das oströmische Reich entvölkerte. Die Krankheit charakterisierte sich durch schwarze Flecken, blutiges Erbrechen, Drüsengeschwulste unter den Achseln und in den Weichen und führte meistens mit heftiger Raserei oder mit Betäubung binnen fünf Tagen zum Tode. In den Jahren 1348 bis 1351 suchte diese Seuche unter dem Namen „der schwarze Tod" auch Deutschland fürchterlich heim. Boccaccio giebt in der Einleitung zum Decamerone eine ergreifende Schilderung von der Seuche, an der in Neapel 60,000, in Genua 40,000, in Florenz 96,000, in Basel 40,000, in Straßburg 16,000, in Lübeck 9000 Einwohner gestorben sein sollen. Wenn der schwarze Tod nun auch in allen Ländern Europas in den 3 Jahren seines Auftretens sehr große Verwüstungen anrichtete, so sind die Zahlenangaben über die Toten doch wohl übertrieben. Es fehlte in diesen Wirren und Unglückszeiten jede genaue Statistik. Mitteldeutschland scheint jedoch von der Seuche verschont geblieben zu sein und hatte nur an den Folgen der Pestangst zu leiden. Es war damals allgemein das Gerücht verbreitet, die als Mörder und Verächter Christi, als unbarmherzige Wucherer schon längst verhaßten Juden hätten in ganz Europa die Brunnen vergiftet und dadurch die Pest erzeugt. Deswegen begann nun überall

Abb. 62. Niederländisches Gebet zum St. Quirin (O Marschall St. Quirin, großer Märtyrer, beschirm uns vor dem plötzlichen Tod, vor Pestilenz und tausend Plagen, als Hofmarschall von Gottes wegen im Himmelreich). Kpfr. des niederländischen Monogrammisten W. aus dem 15. Jahrhundert. München, Kupferstichkabinet. L. 19.

Abb. 63. Pestarzt in einer Schutzkleidung. Kpfr. von Paulus Fürst nach J. Columbina 1656. München, Kupferstichkabinet.

in Deutschland ihre Verfolgung und wie wilde Tiere wurden sie ersäuft, gehängt, verbrannt. Zum Teil sah man auch das Weltsterben als göttliche, wohlverdiente Züchtigung der sündigen Welt an. Diese Ansicht führte zu einer Bußschwärmerei, die den Wahnsinn der Geißelfahrten des Jahres 1349 im Gefolge hatte.

Vom 14. bis 18. Jahrhundert trat die Beulenpest in Deutschland wiederholt in erschreckender Weise auf und entvölkerte, namentlich während des dreißigjährigen Krieges, ganze Länder und Städte.

Da es bis zum Ende des Mittelalters in den meisten Städten an eigenen Seuchenhäusern fehlte, so war eine scharfe Trennung der Pestkranken von den Gesunden kaum möglich. Man mußte sich gewöhnlich damit begnügen, die Häuser, in denen Pestkranke lagen, durch ausgesteckte Fähnchen kenntlich zu machen, um durch diese Warnung die Gesunden fernzuhalten. Vom 15. Jahrhundert ab wurden fast in allen deutschen Städten Quarantaine-Anstalten und Pestlazarette angelegt. Die Ärzte suchten sich durch festschließende lederne Anzüge vor Ansteckung zu schützen. Vor die zur Atmung nötigen Öffnungen, vor Nase und Mund, legte man giftwidrige Stoffe, welche die Seuchenkeime in der einzuatmenden Luft zerstörten.

Im wesentlichen lief die Vorbeugungskur gegen die Pest ebenso wie die ganze Behandlung dieser Krankheit selbst fast nur auf Schröpfen, Aderlassen, Schwitzen, Purgieren und Behandeln mit sog. herz- und blutstärkenden Mitteln hinaus. Zur Reinigung der Luft wurden Holzfeuer und Räucherungen mit aromatischen Hölzern, Harzen u. s. w. und Essig benutzt. Da die aus diesen Riechstoffen entweichenden ätherischen Öle beim Verdampfen in der Luft Ozon erzeugen und aus den verwendeten Harzen Benzoe-, Zimmt- und ähnliche Säuren sublimieren, so waren diese Desinfektionsmittel auch nach modernen Anschauungen nicht unzweckmäßig.

Beim Auftreten von Pestbeulen suchte man durch erweichende Pflaster und Umschläge die-

Abb. 64. Das Regensburger, auf einer Donauinsel befindliche Pestlazarett 1713. Kpfr. von J. A. Friedrichs. Regensburg, Historischer Verein.

¶ Wie sich der mensch halten sol wider die pestilentz. Vnd auch wie er sich eegiren sol wenn sy ist. Vnd den rat soll man dick überlesen. rc.

¶ Item das leben deß menschen ligt an dreien enden. deß ersten in dem hirn. in dem hertzen. vnd in der lebeen. Darumb wenn ein mensch innen wiet deß gebresten als pald so sol man ym lassen auff der hant zwischen dem daumen vnd dem zeigee.

¶ Item wiedan sy dir auff d schultern oder auff den nack so käm es aber von dē hirn. so laß ym abee auff der hant zwischen dem minsten vingee vnd dem nächsten darbey. das zeiicht die gifft da dannen.

¶ Item empfindest du deß gebresten vnder den üchssen od vnder den aemen so kumbt es von dem heertzen. so sol man ym pald lassen auff dem arm auff der median. es sey spat oder frü. ee sey iung oder alt. doch vnd .lxx. iaeen. vnd ob den .vj. iaeen.

¶ Item wiet es bey den gemechten an den painē. so laß an den füssen inwendigs vor dem knoden an den nechsten zweien adern. so zeücht es das veegifft plüt von der lebee. So die leber vergifft wiet so retzeigt sich der gebrest an den painen nahent bey den gemechten.

¶ Itē ertzeigt sich aber d schad an den diehrn das kumbt von den nieren. so laß bey d minsten zehen vnd der zehen darbey.

¶ Item an welichen enden sich der gebrest eetzeiget an der selben seitten sol man lassen. Dañ ließ man ym an der andern seitten das precht grossen schadē. das gůt plůt würd dem leib entzogen vnd das pöß vergifft plůt kem an sein stat. Vnd als pald ein mensch deß gebresten rest empfindet so sol er vō stund an lassen. Doch vere daunen ist das pest.

¶ Item nym habermel ein hant vol vnd seüd das in essig. also das es in gůter dicke werd. vnd nym ein lot driackers. ein lot zertribnen saffran. vnd rür das vnder einander. mach dar aus ein pflastee auff ein wüllen tůch vñ leg das übee den gebresten so er das ymmee wermest eeleiden mag. vnd laß dar auffligen. vj. stund ee du es ab nemmest.

¶ Item ist d gebrest vnder dē pflaster weicher. auff od nider so ist der mensch gesichert das ee deß gebresten nit stirbet. so sol man ym ein frisschs pflaster wider dar über legen. als vor stat.

¶ Item man sol ym geben metteidat mit essig zůtrincken deß tags zů vier malen. Vnd mag man den meteidat nit gehaben so geb man ym triackers mit essig vnd mit saffean gemischt das stillet die pösen gifft. Vnd ob der siech hitz het so gib ym das zůtrincken.

¶ Wie sich der mensch regieen sol zů der zeit der pestilentz. rc.

¶ Item die weil der mensch gesund ist so sol er zů vier malen nach einander lassen. Deß ersten so das zeichen ist in der wag so sol man lassen auff dem daumen die haubtader Item so das zeichen ist in dē schützen so laß die median Item so das zeichen ist im wider so laß auff den füssen bey der minsten zehen. Item so das zeichen ist im wassceman so laß dir auff den henden die goldader. Item dis vier lässen solt du in einem monat volbringen.

¶ Item du solt nemmen ymber. langen pfeffer. zimmit. galgan. mußcatnuß. yedes ein halb lot. pibenel. rautten. salney. yedes ein lot. matix. kabeblin. paeißkörner. cardemoni. yedes ein quintin. wechalderper ein lot. ein halb lot saffran. das alles zů samen temperir mit prantwein

¶ Item diß vorgeschribē wassee ist gůt für die pestilentz für alle pöse vergifft. vnd für allen gifftigen lufft. Für allen pösen geschmack vnd tämpff. vnd ist gůt dē haubt vnd krefftiget das hertz. vnd sterckt den magen. Vnd ist gůt für all pöß feücht gebresten. Vnd wenn diß wasser so hitzig ist so betrgt es vnd entzündet die pösen hitz in dem menschen. danon sol man es all morgen prauchen so vil als in ein nußschal mag.

¶ Item magst du deß wassers nit gehaben so sol du alle morgen .ix. wechalderper nüchter essen. Oder als vil driackers als ein pon zeetriben in essig.

¶ Item man sol sich vast hüten vor übriger fülle. vor allen padern. besunder vor padstuben. Vor trübem lufft als nebel vnd regen. vnd vor nachtlüfften. Vor zorn vnd vnmůt. vor pösem geschmack. Vor kaltem wasser vnd milich. vnd vor allem steinobs. vnd trag den harm nit lang bey dir. Vnd nym ye zů .iiij. oder .v. tagen pillulen pestilenciales. vnd trinck on durst. vnd hüt dich vor überiger vnkeüschheit. vñ vor übrigee vorcht. vor kürbisen vnd vor erdöpffeln.

¶ Item an dem morgen so du auff standest so eeprich deine gelider nit zůuast. vnd leg dich warm an vnd ergang dich wol. vnd piß nit lang nüchter. vnd wassch dein hend dick in gesaltznem wasser vnd laß sy selber teucknen. vnd verheb kein scheiß noch pösen plast. Vnd vermů dich nit mit keiner aebeit noch mit andern sachen. Vñ hab haubt vnd fůß warm.

¶ Item wen der gebrest anstöst der sol vnder den .xij. stunden lassen oder es wer alles veelorn. der stechtag ist volkumen.

¶ Item gib ym pibenellenwassee zůtrincken kalt vnd nit hitzig. rc.

¶ Item well ein essig mit saltz vnd seich yn durch ein leinen tůch vñ truck das wassee dar aus. Vnd weñ der siech dann geschwitzet so bestreich yn mit eim heissen tůch überal vnd halt yn darnach gae warm.

¶ Item der mensch so er gen kiechen oder seiner gescheffthalben durch die statt gat aber zů laden sitzet der sol mit wein daeinn driackees zerteiben ist dir pillee vnd naslöcher bestreichen. Zitwan im mund gehalten ist auch gůt.

Got helff vns allen.

Gedruckt zů Augspurg. von Hanns Schauren.

Abb. 65. Verhaltungsmaßregeln gegen die Pest. Fliegendes Blatt, gedruckt von Hans Schauer in Augsburg um 1500. München, Kupferstichkabinet.

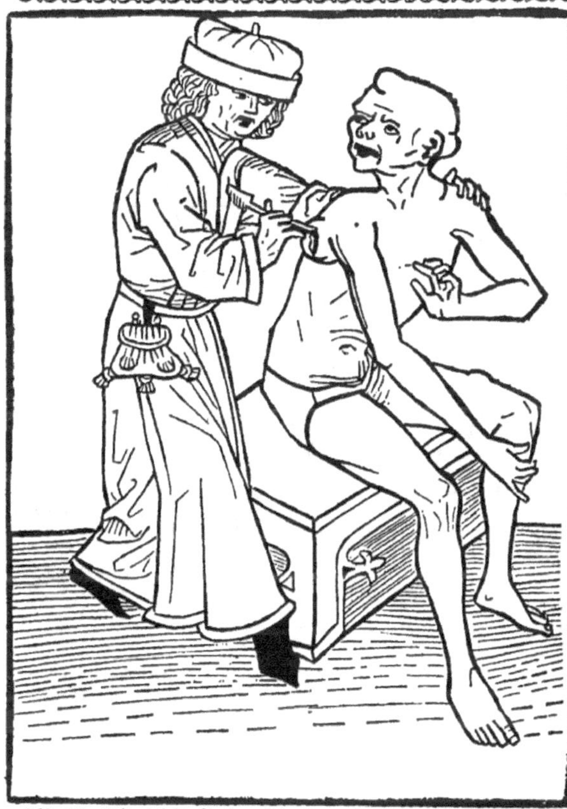

Abb. 66. Pestarzt beim Beulenaufschneiden. Holzschnitt aus: Hans Folz, Spruch von der Pestilenz. Nürnberg 1482.

schnabel zudrucken und mit dem Hindern auff das Geschwir halten; und ob der Han von außgezogener Gifft stürb, das mit einem ander oder mehr, bis einer lebendig bleibt, obgemelter maß zu thun, ist eine bequeme, gute Außziehung des Giffts." In anderen Pestschriften werden an Stelle der Hähne Kröten zum Ausziehen des Pestgiftes aus den Beulen empfohlen. Mit diesen und ähnlichen Mitteln glaubte die Menschheit in der Vorzeit die Pest erfolgreich bekämpfen zu können. Daß trotz derselben oft ganze Städte durch die Seuche ausstarben, machte das Vertrauen auf diese Mittel nur wenig wankend. Noch bei dem Auftreten der Pest im Jahre 1713 starben in Regensburg 6000 Menschen.

selben möglichst schnell zur Eröffnung zu bringen. In dem Nürnberger „Regiment, wie sich zu Zeiten der Pestilentz zu halten sei", vom Jahre 1533 heißt es: „Auff das Apostema soll man dieses Pflaster legen: Zwo gepraten Zwifel, hölder die oben aus, thu die voll guts Tiriaks und mach die wieder zu mit dem Hauptlein und laß die in ein Aschen praten und dann zerstoßen über das Apostema gelegt und darunter Essig." Und ferner: „die andern aber gepranchen sich nach dem Aderlaß ein obgemelter Arznei, welches auch von den doctorn hoch berümbt wird, daß sie einen jungen Han hinden den Hindern ganz blutt (bloß) berauffen, den

Ein den Geißelfahrten ähnlicher Geisteswahn war die Tanzwut, welche namentlich in den Jahren 1021, 1278, 1375 und 1418 in Deutschland epidemisch herrschte. In dem zuletzt genannten Jahre verbreitete sich diese Geistesepidemie namentlich im Elsaß mit großer Heftigkeit. Kleinlawel's Reimchronik von Straßburg beschreibt dieselbe mit den Worten:

„Ein seltzam sucht ist zu der Zeit
Under dem Volk umbgangen,
Dan viel Leut auß Unsinnigkeit
Zu danzen angefangen,
Welches sie allzeit Tag und Nacht
Ohn unterlaß getrieben,
Biß das sie fielen in onmacht,
Viel sind tod darüber blieben."

Als Schutzheiliger der Kranken galt St. Veit, und die Tanzwut führte den Namen „Veitstanz". Die jetzt mit diesem Namen bezeichnete Krank-

Abb. 67. Tanzwütige in einem Reigen auf einem Kirchhofe. Kpfr. aus: Gottfried, Chronik. Frankfurt, Merian, 1632.

heit weicht etwas von der alten Tanzwut ab. Von Straßburg wurden die wahnsinnigen Tänzer im Jahre 1418 nach der St. Veitskapelle bei Zabern in großer Prozession geführt. Hier machten die Wahnwitzigen anfänglich noch ihre tollen Sprünge auf dem Kirchhof und um den Altar. Alsdann wurden sie jedoch von den Priestern durch Exorzismen beruhigt, wodurch das Ansehen des heiligen Veit sehr stieg. — — —

Als im Zeitalter der Renaissance sich der Geist der Antike wieder verjüngte, bewirkte der in der Mitte des fünfzehnten Jahrhunderts aus Italien in Deutschland einziehende Humanismus auch in der medizinischen Wissenschaft reformatorische Umwälzungen. Schon unter den Pionieren der humanistischen Wissenschaft, welche durch ihre stille Arbeit Männern wie Reuchlin, Hutten und Pirkheimer zu der neuen geistigen Bewegung die Wege bahnten, hatte der ärztliche Stand zahlreiche Vertreter.

So eröffnete in Nürnberg der Arzt Hartmann Schedel das humanistische Zeitalter. Derselbe hatte auf der Universität zu Leipzig (1456—1463) durch Petrus Luder die erste Anregung zu klassischen Studien erhalten. Als er diesem seinem Lehrer nach Padua gefolgt war, studierte er dort neben Medizin drei Jahre lang mit unermüdlichem Eifer Humanoria. Mit dem größten Sammelfleiß machte er Abschriften von römischen und griechischen Werken humanistischen und medizinischen Inhalts, fahndete auf Inschriften des klassischen Altertums und kopierte Schriften italienischer Humanisten. Nachdem Hartmann Schedel von 1470 bis 1484 Stadtarzt in Nördlingen und Amberg gewesen war, wirkte er in gleicher Stellung bis zu seinem Tode (1484—1514) in Nürnberg. Hier zeitigte er als Frucht seiner historiographischen Thätigkeit seine mit 2000 Holzschnitten illustrierte Weltchronik, welche im Jahre 1493 im Druck erschien. Die Hof- und Staatsbibliothek in München besitzt noch heute 100 codices von seiner Hand. In einem dieser handschriftlichen Werke, welches verschiedene medizinische Notizen enthält, findet sich ein lateinisches Gedicht von dem Ruhme und den Pflichten des ärztlichen Standes. Schedel sagt hierin: „Der von seiner Kunst umstrahlte Arzt ist von allen zu verehren, weil er den Tod hinausschiebt und gegen die kommenden Gefahren Fürsorge trifft. Der Arzt erforsche sorgfältig die Natur der Dinge, damit er verständig all sein Thun betreibe. Sorgfältig prüfe er, welche Leiden er durch seine Mittel heile. Aber stets doch seien die Lehren der medizinischen Wissenschaft seine Richtschnur. Umsichtig überlege er, was Zeit und

Abb. 68. Allegorie auf die Thätigkeit des Arztes Jacobus Castricus. Holzschnitt von Hans Holbein d. J. Berlin, Kupferstichkabinet. Von Woltmann nicht beschrieben.

Alter vermögen, was der Himmelsstrich erfordert, was der Gebrauch zu thun verlangt. Nie gebe er ein falsches Tränklein. Ehrenhaft lebe er; denn ein guter Arzt thut immer nur das Rechte." Wegen seiner Liebe zu den Büchern betitelte sein Kollege Dietrich Ulsen, der gleichfalls den humanistischen Wissenschaften sehr zugethan war, ein an Hartmann Schedel gerichtetes Epigramm „ad Bibliophagum" (an den Bücherfresser). Dietrich Ulsen, der aus Friesland gebürtig war, hatte seine humanistische Ausbildung in der alten niederländischen Stadt Deventer, wo sich die Schule der Brüder des gemeinsamen Lebens befand, erlangt. Nachdem er alsdann seine medizinischen Universitätsstudien in Heidelberg gemacht hatte, kam er um 1492 als Arzt nach Nürnberg. Hier pflegte er freundschaftlichen Verkehr mit den humanistischen Kreisen und erlangte in denselben eine sehr angesehene Stellung. Die von ihm verfaßten Schriften legen Beweis ab von seiner hervorragenden klassischen Bildung. Von medizinischem Interesse ist besonders seine Dichtung „Vaticinium", der die Lustseuche als Vorwurf dient. „Apollo entrückt den Dichterarzt der Erde, welche voll der Klagen über die neue Geißel ist, an welcher die Kunst der Ärzte, wie die Versuche der Pfuscher bisher gleichmäßig gescheitert seien. Auf der Höhe des Olymp, umringt von den verschiedenen Sterngebilden, deutet der Gott auf eine Stadt (Nürnberg) . . . hier wolle er seine Hilfe nicht versagen, die Götter beschwichtigen und ein Gegenmittel gegen die tötliche Seuche gewähren. Kaum habe der Cynthier diese Worte gesprochen, habe Mnemosyne, die Göttin des Gedächtnisses, tückisch das Traumgebilde zerstört. Den Schluß der Dichtung bildet die Entschuldigung Ulsens in 5 Distichen, daß er als Arzt zur Leier greife." (B. Hartmann.) Noch zwei weitere Zeit- und Berufsgenossen Schedels und Ulsens, Dr. Hieronymus Münzer und Dr. Heinrich Gerathwohl, vereinten in sich medizinische und humanistische Bildung. Dem Dr. Münzer übersandte der Humanist Konrad Celtes seine Gedichtsammlung mit zehn Distichen: „Niemanden widme er seine Erstlingsgedichte lieber als ihm, der, selbst gelehrt, die Gelehrten hochschätze. Ihm, welcher mit der Kunst des Arztes die Kenntnis der Sternenwelt und der Himmelsgegenden vereine, möge die Muse als Gruß der Freundschaft die Dichtungen bringen, jedoch nicht ohne die versprochenen griechischen Bücher als Gegengeschenk zurückkehren." Als im Jahre 1494 die Pest in Nürnberg ausbrach, bekämpfte Münzer diese nicht mit seiner ärztlichen Kunst, sondern zog es vor, mit einigen Nürnberger und Augsburger Kaufleuten eine Fahrt nach Spanien und Portugal anzutreten. Die Beschreibung dieser Reise von der Hand dieses auch geographisch sehr gebildeten Arztes selbst aufgezeichnet, befindet sich heute in der Hof- und Staatsbibliothek in München. Dr. Gerathewohl dichtete Epigramme und

Abb. 69. Arzt im Anfang des 16. Jahrhunderts. Randzeichnung von A. Dürer aus dem Gebetbuch Kaiser Maximilians. München, Hofbibliothek.

Abb. 70. Arzt und Apotheker am Ende des 15. Jahrhunderts. Kpfr. von Israhel van Meckenem. Berlin, Kupferstichkabinet. B. 180.

Auf Betreiben der Humanisten wurden im Anfange des 16. Jahrhunderts die Mittelschulen in vielen Städten reformiert und Gymnasien neu gegründet, auf denen neben Latein auch Griechisch und Hebräisch gelehrt wurde. Diese erweiterte sprachliche Schulung hatte mehr und mehr zur Folge, daß die Lehren der griechischen Ärzte nicht mehr nach den römischen und arabischen, von den Originalen abweichenden Kommentaren derselben, sondern nach den Originaltexten der medizinischen Wissenschaft zu Grunde gelegt wurden. Begünstigt wurde dies durch die Erfindung der Buchdruckerkunst, welche inzwischen soweit entwickelt war, daß die alten Klassiker durch sie leicht eine weite Verbreitung fanden. Der Arabismus mit seinen vielen complicierten Arzneimischungen, der in den letzten Jahrhunderten des Mittelalters die Vorherrschaft gehabt hatte, ward hierdurch aus der deutschen Medizin wieder mehr verdrängt, und an seine Stelle trat die Heilkunst des Hippokrates, welche namentlich diätetische Behandlung empfahl.

Satiren unter dem Namen Henricus Euticus de monte Norico, welche er seinem Freunde Celtes zur Prüfung unterbreitete. In einer Ode an Euticus beschwört letzterer den an das Krankenbett seiner Geliebten berufenen Dr. Gerathewohl: „Rette mir die Teuere, und ich will dir gerne zugestehen, daß Apollos wahre Kunst dein eigen.“

Zum Beweise dafür, daß zu dieser Zeit auch die deutschen Ärzte anderer Orte, wie dies Nürnberger ärztliche vierblättrige Kleeblatt, einen hohen Grad humanistischer Bildung besaßen, sei hier an den Leibarzt Friedrichs des Weisen, Martin Pollich, genannt Mellerstadt, erinnert. Dieser war es, der hauptsächlich die Gründung der Universität Wittenberg anregte und 1502 ihr erster Rektor wurde.

Da das Griechische manchen Ärzten doch zu unverständlich war, so erschienen von den Schriften der älteren und jüngeren griechischen Ärzte nunmehr viele neue lateinische Übersetzungen. Zu einer Übertragung derselben in die dem Volke verständliche deutsche Sprache konnte sich der ärztliche Zunftgeist damals nur sehr selten entschließen, da man befürchtete, damit die Perlen vor die Säue zu werfen.

Der aus den humanistischen Studien emporgewachsene kritische Geist, welcher schon während der Reformationszeit die Menschheit beseelte, unterzog die aus der Vorzeit auf Treu und Glauben als richtig übernommenen medizinischen

Der Doctor.

Ich bin ein Doctor der Artzney/
An dem Harn kan ich sehen frey
Was kranckheit ein Menschn thut beladn
Dem kan ich helffen mit Gotts gnadn
Durch ein Syrup oder Recept
Das seiner kranckheit widerstrebt/
Daß der Mensch wider werd gesund/
Arabo die Artzney erfund.

Abb. 71. Der Doktor. Holzschnitt von Jost Amman aus: Beschreibung aller Stände. Frankfurt 1568. A. 231, 13.

Lehren einer genauen Prüfung, und hierbei ertönte gar oft das „gewogen und zu leicht befunden". Wie leicht ersichtlich, kam dadurch das Ansehen der römischen und arabischen Ärzte stark in's Wanken.

So stellte sich z. B. beim Studium der Hippokratischen Schriften heraus, daß die alten griechischen Ärzte auf die Besichtigung des Harns keineswegs den hohen Wert legten wie die Ärzte des Mittelalters, bei denen die ganze Heilkunst durch das Brunnenschauen zum Schwindel ausartete. Schon der Straßburger Domprediger Johann Geiler tritt in seinem zu Anfang des 16. Jahrhunderts erschienenen Weltspiegel solchem Gebahren entgegen. „Darnach sein etlich, die thun ein Ding, wenn sie den Harn zum Doctor bringen, verschweigen sie und sagen nicht, ob er eines Mannes sei oder einer Frauen, und meinen die Narren, der Doctor soll solches alles wohl auß dem Harn sehen und die gantze Krankheit nach dem Harn beurtheilen. Wie man denn von einem Bauren liset, der hat auff ein zeit einem Doctor den Harn gebracht, da hat ihn der Doctor gefragt, wo er herkomme und von wannen er sey, da hat er geantwortet, ir werdends wohl sehen am Harn. Zwar ich muß hie bekennen, das etliche sein, die wunderbarliche Dinge durch den Harn anzeigen, also das sie von dem menschen, den sie doch nie gesehen haben, können sagen, wie im sey, und wo im wehe sey. Aber solches kompt nicht aus künstlichen Artznehungen, sondern von dem Teuffel, mit dem sie ein packt haben. Solche solt man dem Teuffel mit einem wagen voll holtz oder drei zum newen Jar schenken!"

Die Vertreter des ärztlichen Standes selbst traten gegen den Schwindel auf, der mit der Uroskopie betrieben wurde. Den Kampf gegen diesen Unfug begann schon im Jahre 1512 der römische Arzt Clementius Clementinus. In Deutschland wurde er in seinen reformatorischen Bestrebungen unterstützt durch die Schriften von Clauser, Euricius Cordus, Bruno Seidel, Kolreuter, Fo-

Abb. 72. Alraunpflanzen. Zeichnung aus dem codex neapolitanus um 700. Wien, Hofbibliothek. Nach einem Holzschnitt in der Gartenlaube 1893.

Abb. 73. Paradiesbaum. Holzschnitt aus: Hortus sanitatis. Augsburg, H. Schönsperger, 1486.

restus, Lange, Scribonius und mehreren anderen. Wenn der Schwindel, der bei der Harnbesichtigung getrieben wurde, auch nicht ganz verschwand, so legte man in der wissenschaftlichen Medizin von da ab dem „Brunnenschauen" doch nicht mehr den übertriebenen Wert bei wie vorher. Schon im Jahre 1571 konnte Joachim Cammermeister deswegen schreiben: „Man könnt auch viel gelehrte Leut in jetziger Zeit im Teutschen Land und anderswo ernennen, die niemals abwesend allein aus dem Brunnen, ohne vollkomblichen guten Bericht, das Geringste einem Kranken haben wollen verordnen." —

Die mittelalterliche Heilkunst befand sich mit den Worten Sirachs im Einklange: „Der Herr läßt die Arznei aus der Erde wachsen, und ein Vernünftiger verachtet sie nicht." Dem entsprechend lieferte die Pflanzenwelt für den Heilschatz das Meiste. Hierdurch wurden die Ärzte und Apotheker darauf hingewiesen, sich mit dieser genau bekannt zu machen. Wegen des fast völligen Fehlens einer Systematik waren die vor dem 16. Jahrhundert erschienenen botanischen Werke zum Bestimmen der Gewächse nach der einfachen Beschreibung noch ganz unbrauchbar, umsomehr da diese meistens alten griechischen Werken entnommen war und auf die deutsche Pflanzenwelt nicht paßte. Man war deshalb beim Bestimmen mehr als heute auf Abbildungen angewiesen.

Die in handschriftlichen botanischen Werken des Mittelalters enthaltenen Pflanzenabbildungen waren zum Erkennen der Gewächse noch nicht geeignet (Abb. 72). Eine Besserung trat in ihrer Darstellung erst nach der Erfindung der Buchdruckerkunst ein.

Das älteste Werk, worin durch den Druck vervielfältigte Kräuterabbildungen zu finden sind, ist der Herbarius Moguntiae impressus, der im Jahre 1483 erschien. Ihm folgten 1485 der Herbarius Pataviae impressus und der Hortus sanitatis. Die nebenstehenden Abbildungen geben uns Proben aus dem „(H)Ortus sanitatis auff

Abb. 74. Narzisse. Holzschnitt aus: Hortus sanitatis. Augsburg, H. Schönsperger, 1486.

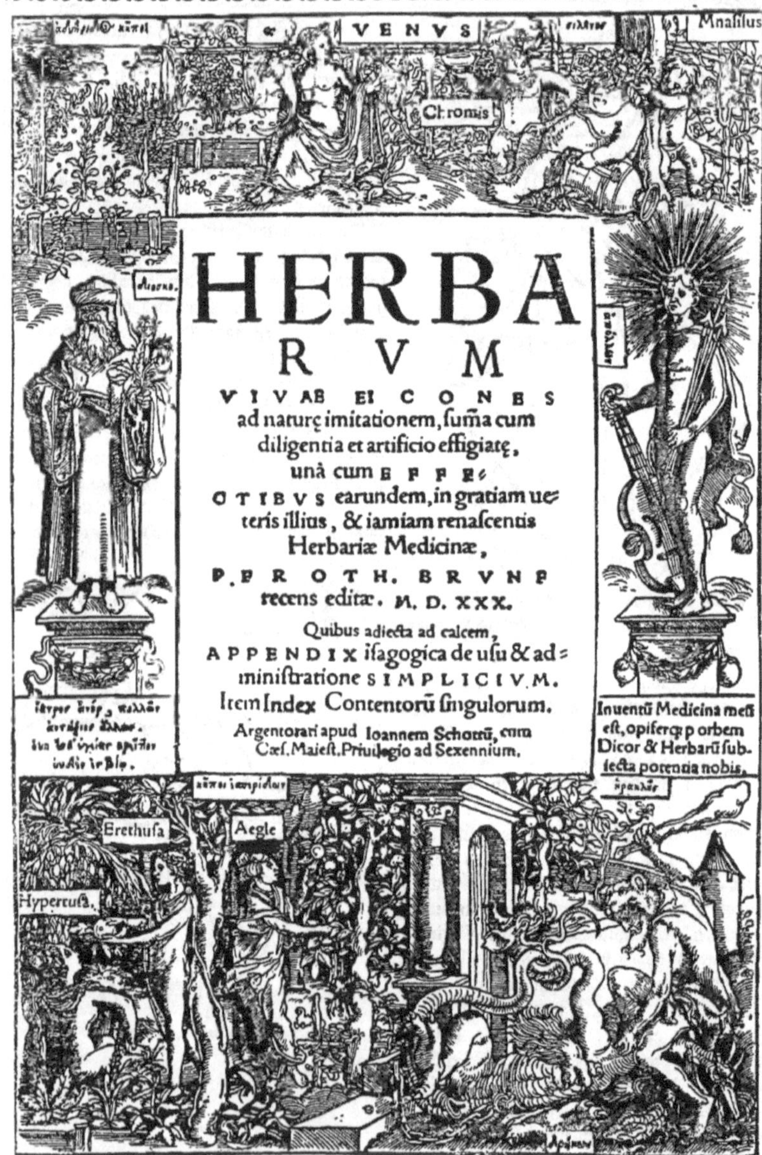

VENUS

Mnasilus

Chromis

HERBA
RVM

VIVAE EICONES
ad naturæ imitationem, sūma cum
diligentia et artificio effigiatæ,
unà cum EFFE-
CTIBVS earundem, in gratiam ue-
teris illius, & iamiam renascentis
Herbariæ Medicinæ,

P. OTH. BRVNF.
recens editæ. M. D. XXX.

Quibus adiecta ad calcem,
APPENDIX isagogica de usu & ad-
ministratione SIMPLICIVM.
Item Index Contentorū singulorum.

Argentorati apud Ioannem Schottū, cum
Cæs. Maiest. Priuilegio ad Sexennium.

Inuentū Medicina meū
est, opiferq; p orbem
Dicor & Herbarū sub-
iecta potentia nobis.

Erethusa

Aegle

Hypercusa

Abb. 75. Titelholzschnitt von H. Weiditz zu: O. Brunfels, Kräuterbuch. Straßburg, J. Schott, 1530.

teutsch Ein Garten der Gesundheit.“ Dieses von Johann von Caub aus alten Werken zusammengeklaubte Buch erlebte, meist mit den ursprünglichen Holzstöcken, bis in das 16. Jahrhundert hinein eine große Anzahl neuer Auflagen. Wie man sieht, sind die Pflanzenbilder gotisch stilisiert und zeigen noch wenig Ähnlichkeit mit ihren Urbildern. Sie dienten mehr zur Ausschmückung als zur wirklichen Belehrung.

Der Verfasser Johann von Caub, Stadtarzt zu Frankfurt a. M., der eigentlich Johann Wernecke hieß, hatte im Jahre 1483 mit dem Ritter Bernhard von Breydenbach und dem Grafen von Solms eine Orientreise gemacht, an der auch der Maler Erhard Rewich teilnahm. Dieser lieferte die Bilder der orientalischen Pflanzen. Viele derselben sind jedoch sichtlich nur nach der Phantasie gezeichnet. In der wiedergegebenen Abbildung der Narzisse sieht man z. B. statt der Blüte eine vollständige Kindergestalt.

Die Unzulänglichkeit der botanischen Werke brachte zur Reformationszeit eine Anzahl deutscher Ärzte zu dem Entschluß, die Pflanzen der deutschen Lande unabhängig von Dioskorides und anderen Botanikern der Vorzeit nach eigener Anschauung zu beschreiben und bildlich darzustellen. Durch die nach solchen Grundsätzen entstandenen Werke wurde die Botanik von den Fesseln der alten Schule befreit und unsere vaterländische Pflanzenkunde begründet. Von den „Vätern der Botanik“, deren Verdienst dies ist, sind zu nennen Brunfels, Bock, Cordus, Fuchs, Geßner und einige andere.

Besonders deutliche, durch Holzschnitte vervielfältigte Abbildungen finden sich zuerst in der von Fuchs herausgegebenen, nach dem Alphabete geordneten Beschreibung von Pflanzen „Historia stirpium“ 1542, welche deutsch als „New kreutterbuch“ 1543 erschien. Besonders künstlerisch schön ausgeführt sind die von David Kandel in Holz geschnittenen Pflanzenabbildungen in dem „New Kreutterbuch“ von Bock. Wie man sieht, legt der Künstler schon einen besonderen Wert auf das belebende Beiwerk der Bilder. Die abführende Wirkung der Feigen stellt er allerdings in etwas derber Weise dar. (Abb. 76.)

Weil das Tierreich eine große Anzahl Arzneistoffe lieferte, wurde in der Medizin ein besonderer Zweig der angewandten Zoologie betrieben, welcher als der medizinische oder pharmazeutische bezeichnet zu werden pflegt. Zu dieser Zeit befaßten sich daher viele Ärzte mit dem Studium des Tierreichs. Im 16. Jahrhundert war es vornehmlich der wegen seiner botanischen Kenntnisse vorhin schon genannte Zürcher Arzt Konrad Geßner, der verschiedene zoologische Werke herausgab, in denen die Tiere nicht nur schon naturwissenschaftlich beschrieben, sondern auch bildlich gut dargestellt sind.

Großen Aufschwung nahm ebenso die Anatomie in Deutschland in der zweiten Hälfte des 16. Jahrhunderts. Ein Hauptförderer der Zergliederungskunst war der Deutsch-Belgier Andreas Vesalius (1514—1564) aus Brüssel, der im Jahre 1543 ein auf eigenen genauen Beobachtungen aufgebautes anatomisches Werk herausgab, zu welchem Jo-

Abb. 76. Feigenbaum.
Holzschnitt von D. Kandel aus: Bock, Kräuterbuch. Straßburg, W. Richel, 1551.

ANDREAE VESALII.

Abb. 77. Porträt des Anatomen A. Vesalius. Holzschnitt von Johann von Calcar aus: A. Vesalius, de humani corporis fabrica. Basel, Oporinus, 1542.

hann Stephan von Calcar, ein Schüler Tizians, naturgetreue Holzschnitt-Abbildungen lieferte.

Bisher war die Anatomie fast ausschließlich von den Wundärzten betrieben. Die akademisch gebildeten Medici der Leibarznei hielten die Beschäftigung mit derselben für entwürdigend.

Am Ende des 16. Jahrhunderts kam ein weiterer Umschwung. So nahm in Nürnberg der Arzt Volker Coïter im Jahre 1570 schon Zergliederungen im Refektorium des Predigerklosters vor. Der Nürnberger Rat fürchtete indessen noch in dieser Zeit, daß solche Zerlegungen des menschlichen Leichnams ein öffentliches Ärgernis werden könnten. Als im Jahre 1593 Hieronymus Beßler um die Erlaubnis bat, ein corpus humanum anatomieren zu dürfen, wurde ihm dies nur unter der Bedingung gestattet, „daß er solche anatomiam in der Stille verrichten und nicht viel Leuth zusehen lassen solle, damit kein groß Zulaufen verursacht werde." —

Zu gleicher Zeit empfanden die Ärzte in den größeren deutschen Städten das Bedürfnis, zur Pflege ihrer Wissenschaft und zur Hebung ihrer bürgerlichen Stellung sich zu einer Standesvereinigung zusammenzuschließen. In einem handschriftlich erhalten gebliebenen Gutachten, welches der Arzt Joachim Camerarius im Jahre 1571 zur Besserung der Medizinalordnung dem Nürnberger Rate vorlegte, findet sich z. B. ein Kapitel: „Wie ein ordentliche Versammlung und Collegium der Ärzt könt angestellt werden und was für ein Nutz daraus erfolgen wirdt." Es heißt darin: „Es ist eine gemeine Rede, alle Ding nehmen durch Einigkeit zu und durch Zwietracht und Uneinigkeit vergehen sie, welches in allen Ständen also erfunden wird, und derwegen auch kein Handtierung oder Handwerk so gering ist, das nicht seine Versammlung in guter Einigkeit hat, darin sie sich fürfallender Zwiespalt und zweifelhaftiger Sachen können vergleichen und also ihr Thun erhalten, welches fürwar vielmehr geschehen soll in der Kunst, welche den höchsten zeitlichen Schatz, nemlich die Gesundheit und Wohlfahrt des Leibes versorgen soll. Ist derhalben ein große Notturft, das in einer fürnehmen Polizeipflege zu sein ein solche Versammlung und Collegium erhalten werde, wie denn solches fast durchaus in Italia mit Vleis gebraucht wird, als fürnemlich zu Neapolis, Florentia, Verona, Mayland, Genua und dergleichen Städten mehr, und in Teutschland auch von Tag zu Tag als gar ein nützliche Ordnung in das Werk gesetzt wird, als zu Ulm, Augsburg und andern mehr Orten .... Und wird der Frommen und Nutz, so daraus entspringen wird, nicht gering sein, denn erstlich wie von den Alten gesagt wird: Conversatio artes peperit, die Gewohnheit und Versammlung hat die gute Kunst geboren. Also auch wurden sie durch dieselbigen erhalten; und erwachst auf diese Weis unter den Ärzten eine gute Freundschaft, Vertrauen und Einigkeit, dadurch zum Andren bei bekannten und frembden gegen den Ärzten ein größere Zuversicht und Herz erwechst und ihr guter Namen und Ansehen gemehrt wird."

Auf Grundlage dieses Vorschlages wurde von dem Nürnberger Rat im Jahre 1592 ein Kollegium der Ärzte eingerichtet. Diesem wurden die

Geschäfte einer obersten Medizinalbehörde übertragen. Die Oberleitung desselben stand unter dem Dekan, der, da man sichtlich auf Sachunkenntnis damals noch keinen Wert legte, kein Jurist, sondern ein Arzt war. Die medizinische Wissenschaft wurde im Kollegium in der Weise gepflegt, daß in den Versammlungen schwierige Krankheitsfälle und deren Behandlung besprochen, gemeinsam mit den Apothekern botanische Exkursionen vorgenommen und anatomische Übungen angestellt wurden.

Abends endeten die botanischen Ausflüge nicht selten mit Festmahlen, bei denen es nach noch vorhandenen Speisezetteln fast ebenso üppig herging wie bei den Festmahlzeiten unserer heutigen medizinischen Kongresse.

Die Augsburger Medizinalordnung vom Jahre 1582 schreibt von den ärztlichen Zusammenkünften: es sind „auff offt gehaltenen Reichstägen, nicht ohne sondern nutz der Kranken, dergleichen consultationes von hochgelehrten Medicis offtermals gehalten worden . . . ., aus wellichen der Artzet, wie ein Vogel aus seinem Gesang gespüret und erkandt wirdt."

Von nun an mehrten sich die wissenschaftlichen Vereinigungen der Ärzte sehr. Ein Jahrhundert später bewirkte dann die allgemeine litterarische Entwickelung, daß eigene Zeitschriften auch für Ärzte entstanden.

Die Achtung vor dem ärztlichen Beruf im 16. Jahrhundert zeigt der Ausspruch Luthers: „Ein Arzt ist unseres Herrn Gotts Flicker, hilft leiblich, wir Theologen geistlich, daß wir die Sache gut machen, wo uns der Teufel verderbet hat. Der Teufel giebt Gift, den Menschen zu töten, ein Arzt giebt Teriak oder andere Arznei, hilft also der Kreatur durch Kreatur, welche ihre Herkunft hat nicht aus den Büchern, sondern Gott hat sie geoffenbaret."

In seinem „Podagrammischen Trostbüchlein", in der zweiten Hälfte desselben Jahrhunderts, warnt Fischart davor, daß der Kranke sein Leiden selbst behandle, und rät bei Leibesgebrechen unbedingt:

„Daß der Kranke im allein nicht traue
Sonder auf rat der Artzet schaue,
Und der Verwund sich selbst nicht bind,
Weil jeder um seim fäl ist plind;
Der Fieberig muß andren glauben,
Was bitter sei und zu erlauben."

Die ärztliche Kunst und ihre Vertreter hatten indessen in der Vorzeit nicht nur Verehrer, sondern auch Gegner. So lautet ein altes Sprichwort:

„Drei Ärzte bei Einem Kranken,
Da kann sich der Kirchhof bedanken."

oder auch:

„Wo die Ärzte streiten, erntet der Tod."

Besonders gefürchtet war der „Arzt aus dem Buche". Unter einem solchen verstand man den unwissenden Heilkünstler ohne Erfahrung. Wie er verspottet ward, zeigt die Abbildung unten.

Schon S. Brant geißelt diese unerfahrenen Heilkünstler in seinem Narrenschiff in dem Gedichte „Von narrechter Artzny":

Abb. 78. Verhöhnung unwissender Ärzte. Holzschnitt aus: Th. Murner, Narrenbeschwörung. Straßburg, Knoblouch, 1518.

Tristitiæ integritate mederi novit amicus, At morbo Medicus: fidus uterq; comes.

Ein trewer Freund, in Trawrigkeit, Dem andern lindern kan sein Leid. Der Artzt abr hilfft dem Krancken fein: Allbeÿd getrewe Hilffsleut sein.

Abb. 79. Arzt und Kranker. Im Hintergrund Würzburg. Kpfr. aus: D. Meisner, politisches Schatzkästlein. Frankfurt, Kieser, 1624.

„Wer eyn dottkranken bsycht den harrn
Und spricht, wart biß ich dir verkünd,
Was ich in mynen büchern synd,
Die wile er gat zun büchern heym,
So fert der siech gen dottenheym.
Vil nemen artzeny sich an,
Der dheiner ettwas do mit kan."

In dem schon citierten „Podagrammischen Trostbüchlein" sagt Fischart ferner, die ärztliche Kunst habe teilweise den Zweck, in dem Kranken die Hoffnung auf Genesung zu wecken und zu erhalten:

„Die Artzet müssen etwas sagen,
Daß die Krancken nicht verzagen;
Darumb holt man sie mit Roß und Wagen."

Wenn die Heilkunst keine Hoffnung mehr versprechen kann, dann, meint Fischart, müsse der Arzt der Seele herangezogen werden:

„Wa der Arzt nicht meh kan,
Da fängt der Prediger an,
Wann die Arznei am leib wil fälen,
Da sucht man erst Arznei der Selen;
Wa Apoteckól nicht wil schirmen,
Da sucht man heilig öl zu firmen."

Über die hohen Einnahmen einzelner Ärzte sagt ein altes Sprichwort: „Ärzte kommen auf den Geldsack, Juristen auf den Wollsack." Das soll also heißen: Die Ärzte haben den Verdienst, die Juristen haben das Verdienst. Erstere erwerben sich ein Vermögen, letztere haben ein bequemes, angesehenes Dasein. Im allgemeinen war jedoch die Geldlage der Ärzte nicht immer so günstig, wie es nach diesem Sprichworte scheint. Luther sagt von seinem Freunde, dem Arzte Dr. Curio, in einem Empfehlungsschreiben an seinen Kurfürsten: „Die Praxis ist mager, ich selbst habe für viele Dienste nie nichts gegeben, ohne (außer) einen Trunk Bier." Dazu kam, daß in vielen deutschen Städten den Ärzten für ihre Forderungen schon eine feste Norm vorgeschrieben. In der Wormser Medizinalordnung vom Jahre 1582 findet sich ein Kapitel über die ärztliche Taxe: „Was unsern geschwornen Stadtärzten und Medici, vor iren Verdienst und Belohnung, von unsern Bürgern und Angehörigen und auch Frembden und andern, so uns nicht zugethan und zu versprechen stehen, gegeben werden solle."

„Als erstlich sollen jetzgemeldte unsere Medici von einem Urin oder Harn zu besehen und unsern Bürgern, irem Gesind und andern, die uns zu versprechen stehn, zu belohnung fordern und habn

Seltzame vnerhörte Doctor Prob/ Eines zwar Armen jedoch Gelährten Medici/ vnd eines Reichen doch vngeschickten Kälber Artztes.

Es begibt sich zu dieser zeit/
In der gantzen werthen Christenheit.
Bald nah/ bald fern/ bald dort/ bald da/
So viel vnd manch Historia.
Welche bißweiln geschehn mit fleiß/
Auff manche art vnd manche weiß.
Bißweiln geschehn sie ohn gefehrd/
So wol bey Gschickt/ als vngelehrt.
Bey Hocherfahrenen Glerten Leutten/
Begibt sich auch etwas zu Zeiten.
Ob es schon scheint was lächerlich/
Ists doch der Ehr nichts hinderlich.
Hergegen welcher nur stoltzirt/
Im Grobiano hat studirt.
Dem gehts es nicht stets glücklich hinauß
Zu letzt wird jhm kein Ehr auch drauß.
Wie diese Figur vnd Geschicht/
Kürtzlich anzeigt vnd vns bericht.

Es ligt am Rhein ein Schöne Stadt/
Darinn es zween Doctores hat.
Die waren Medici zuhandt/
Ihr beyder Nahm ist wolbekandt.
Die Ich jetzund zu dieser ziel/
Ehrenhalben nicht nennen will.
Der Eine wahr sehr hochgelärt/
Der ander vngeschickt vnd verkehrt.
Der Glärt war arm/ desselbenigleich/
War der Vnglärte mechtig reich.
Der Glärte Doctor stets studirt/
Sein Patienten recht curirt.
Hielt sich gering in Kleidern sein/
Gieng fein schlecht vnd gerecht herein.
In seiner Cur Er zu der stätt.
Allzeit viel Patienten hett.
Dargegn der ander wol staffirt/
Mit gülden Ketten war geziert.
Studieret nichts/ wie man thun soll/
Befließ sich nur des Plauderns woll.
Vnd war verschlagen zu der stund/
Vnd sich auch woll auffs Geld verstundt.
Der Glärt hett Tag vnd Nacht zuschaffn/
Das macht den andern gar zum Affn.

Da solchs der Vnglärt Doctor spührt/
Den Gelärten Er visitirt.
Vnd gieng zu jhm selbst in sein Hauß/
Vnd fraget jhn fein alles auß.
Wie es doch käm das jederman/
Ihn in der Stadt zum Artzt wolt han.
Was kranck war/ beide groß vnd klein/
Wolten von jhm curiret sein.
Bath jhn/ Er solts jhm sagen her/
Was doch solches die vrsach wer.
Darauff der Glärte Doctor sprach/
Mein Herr/ Ich euch die Vrsach sag.
Wen man mich holt ins Krancken Hauß/
So seh Ich alle Winckel aus.
Sonderlich wo ligt der Patient/
Da seh Ich eylendt vnd behendt.
Ob Ich seh Oepffl/ Birn oder Nüß/
Als dann den Pulß/ Schlaff vnd die Füß.
Begreiff Ich/ vnd seh dann herumb/
Ob Ich was mehr zu sehn bekumm.
Von vngesunder odr frembder Speiß/
Das merckt Ich nun mit allem fleiß.
Wenn Ich dann von Naschwerck vorab/
Etwas gsehn vnd gemercket hab.
So sprech ich kecklich vnd vermessn/
Ihr habt diß oder Jens gegessn.
Da kombt Euch Ewer Kranckheit her/
Alß dann verwundern Sie sich sehr.
Gedenckn/ das ist ein Gwisser Man/
Der/ was man gessn/ errathen kan.
Der vnglärt Doctor gieng dahin/
Nam diese Regel wol in Sinn.
Was der Gelärte jhm thet sagn/
Vermeint es auch darauff zuwagn.
Nach Dreyen Tagen/ ohn gefehr/
Ward zu eim Krancken gfordert Er.
Denselbigen solt Er curirn/
Der Doctor thet bald sehn vnd spürn.
Das vnterm Bett ein Eselshaut/
Da lag/ welch Er ein wenig schaut.
Er sah im Gmach sonst hin vnd her/
Vnd sah von Naschwerck doch nichts mehr.
Darauff sprach er zum Patienten/
Ewer Kranckheit soll sich bald endn.
Denn jhr habt von eim Esel gessn/
Welchs jhr nicht thun solln so vermessn.
Der Kranck sprach: liebr Herr Doctor mein/
Was müst ich für ein vnflat sein.
Wann ich so gar mutwillig weiß/
Ein Esel solt Essen für mein speiß.
Da behüt mich mein Gott darfür/
Ich Eß nicht so ein grewlichs Thier.
Auff diß mahl habt jhr nicht errathn/
Was da thut meiner Gsundheit schadn.

Also der Doctor vngelärt/
Durch den Glärten vollends war bethört.
Hetter sich bfliessen auch der Kunst/
So herts jhm bracht Lob/ Ehr vnd Gunst.
Hergegen hett er Spott vnd Hohn/
Vnd zog mit grosser Schandt darvon.

Drumb sichstu/ Lieber Leser mein/
Alhier den Glärten Doctor fein.
Welcher fleissig ist vnd studirt/
Sein Patienten recht curirt.
Der mit rechter Artzney vmbgeht/
Auff Edle Kreutter sich versteht.
Der von dem Harn recht iudicirt/
Durch Gottes hilff/ den Schmertz abführt.
Der ander aber/ so stoltziert/
Mit Güldin Ketten ist geziert:
Ist vngeschickt vnd vngelährt/
Mit plaudern nur die Kunst vmbkehrt.
Führt einen Seckel in der Hendt/
Darauff sein beste Kunst Er wendt.
Mag aber wol durch solchen schein/
Ein Rechter Kälber Doctor sein.
Wie dann in gleichem hin vnd her/
Sölcher Küch Artzt man findet mehr.
Für solche hüt sich manigfalt/
Beyd Reich/ Arm/ Mann/ Fraw/ Jung vnd Alt.
Hiermit ein jeder nemb in Acht/
Vnd sein Gesundheit wolbetracht/
Der Glert ist durchaus nicht veracht.

E N D E.

Beilage 3. Der gelehrte und unwissende Arzt. Satirisches Flugblatt aus dem 17. Jahrhundert. Gotha, Kupferstichkabinett.

12 pfenning. Da aber ihr einer umb rath und ein Recept in die Apoteck ersucht würde, soll für dasselbig noch 12 pfennig weiter gegeben werden.

Ferner so unser Artzt einer zu einem unserer Bürgern oder andern, als obstehet, in Krankheiten bei ime zu erscheinen erfordert würde, soll im von einem jeden gang, so vil er deren uff begeren der kranken oder ihrer beywesenden Freunde thun würde, vor ein jeden insonders 3 batzen gegeben werden." Gleichzeitig werden die Ärzte noch verwarnt, die Kranken „mit vielen Kosten, auch dem überflüssigen, unnotürfftigen zugehen mit nichten zu beschweren." Bei ansteckenden Krankheiten und bei der Behandlung von „ausländigen Frembden, Hohe und Niederstandspersonen, denen wir nicht zu gebieten", war die ärztliche Taxe etwa doppelt so hoch als in gewöhnlichen Fällen. „So auch einer unserer geschwornen Stadtärzten zu einem Kranken über Feld, das ist ausserhalben dieser Stadt, beschrieben und erfordert wurde, soll er vor sein Reyß und mühe mehr nicht fordern noch begeren, als vor ein jede Meil wegs, so weit er außreiset, ein Daler, deßgleichen auch vor ein jeden Tag ein Daler, so lang er außbleibt.... Da aber ein Fürst, Graff oder Herr, deßgleichen vom Adel, Bürger und andere dem Medico von wegen seines fleiß etwas reichlicher verehren und begaben wolten, mag es derselb Arzt wol annehmen." Ein Eintrag im Nürnberger Ratsbuche vom Jahr 1592 bestimmt: „Auff der verordneten Herrn widergebrachtes und reservirtes bedenken ist beim Rathe erlassen und befohlen, das in gemeinen Krankheiten einem medico für seine Mühe den ersten gang ein gulden, von den anderen volgenden gängen jedem ein Ort (= $1/4$) eines guldens gereicht werden soll. Aber in gefährlichen und contagiös Krankheitten, als in Pestilentzischen Fibern und sonderlich da die pestis regiert, soll ein Medicus für den ersten gang $1^1/_2$ gulden und der andere gang jedem ein halber gulden gegeben werden."

Die nachfolgende Bestallungsurkunde eines Arztes vom Jahre 1602, welche sich in dem Nürnberger Stadtarchiv befindet, zeigt, daß die Stadtärzte außer ihren Honorareinnahmen auch noch ein festes Gehalt bezogen.

„Ich Bernhard Dold, der Artzney Doctor, bekenne öffentlich und thue kund menniglich mit dißem Brief, das ich mich zu dem Ehrenvesten, fürsichtigen und weisen Herren Bürgermeister und Rath der Stadt Nürnberg, meinen günstigen lieben Herren, drey Jahr lang, die nechsten nach unden bemeldeten Dato diß brieffs, künfftig zu dienen und solche drey Jahr daselbst zu sein, häußlich zu wohnen und sitzen verpflicht und verbunden habe. Und thue das hiermit wißentlich und wohlbedächtlich, in krafften diß brieffs. Also das ich eines E. Raths und gemeiner Statt Nürnberg nutz, ehr und frummen mit allem fleiß nach meinem besten vermögen fürdern, ihren nachteil und schaden wenden und fürkommen, so weit ich kan und darzu schuldig sein soll und will, mich nicht allein in der Statt Nürnberg, sondern auch außer-

Abb. 80. Porträt des Nürnberger Wundarztes Jacob Baumann mit auf den ärztlichen Lohn bezüglichen Versen. Kpfr. von Vergil Solis 1556. Berlin, Kupferstichkabinet. P. 623.

halb eines E. Rhats und der ihren fürfallenden notturfften, wan es an mich gesonnen wirdt, jedesmal ohne widerrede, gegen zimblicher Besoldung und Belohnung, wie man anderen meines gleichen zu geben pflegt, freywillig und gern gebrauchen und denen, die meiner hilff und raths bedürffen, sie seyen arm oder reich, jung oder alt, ihnen daßselbe nach meim besten Verstand zum getreulichsten mitzutheilen, dem armen alß dem reichen, und mich jedesmal an gebürlicher, zimblicher Belohnung alle wege nach gestaltt der fäll und mein gebrauchten fleiß und mühe begnügen zu lassen ...

Und umb solchen meinen dienst und verpflichtung soll mir ein E. Rhat ein jedes jahr zu lohn geben zweyhundert gulden grober müntz, nemlich alle halbe jahr einen halben theil davon, wie sie anderen ihren dienern zu thun und zu geben pflegen. Darüber soll und will ich auch ihr E. Weißheit zu zeiten solcher meiner bestallung mitt einiger mehrerer besoldung nitt beschweren, sondern diße drey jhar gäntzlich damit gesettigt und zufrieden sein und bleiben, wie ich dan solches alles, wie obstehet, alßo zu halten, eim E. Rhat, mit handgebenden trewen an eines rechten geschworenen Aydts statt, gelobt und zugesagt habe, treulich und ohn alles gefehrde. Das zu waren urkund hab ich dißen brieff mit eigener handt geschrieben und darzu mein eigen insigill zum gezeugnuß für mich an disen brieff aufgewürckt. Geschehen in Nürnberg auff Liechtmeßtage im Jahr nach Christi unßers Herrn und Heylands geburdt Tausent sechshundert und zwey." —

Da die Niederlassungsbedingungen anfänglich für die Apotheker sehr leicht waren und auch Laien unter Verwaltung eines gelernten Pharmazeuten eine Apotheke besitzen konnten, so gab es im 16. Jahrhundert in den größeren deutschen Städten schon mehr Apotheken, als lebensfähig waren. Die Apotheker betrieben deswegen meistens einen Handel mit Gewürzen, Schreibmaterialien und dergl. nebenher. Hierdurch gerieten die Apotheken in einen so traurigen Zustand, daß auf dem Reichstage zu Augsburg im Jahre 1548 den deutschen Obrigkeiten aufgegeben wurde, für eine bessere Ordnung derselben zu sorgen. Um diese zu schaffen, ward z. B. im Jahre 1552 vom Nürnberger Rat die eingerissene pharmazeutische Gewerbefreiheit beseitigt und die Anlage neuer Apotheken von einer behördlichen Erlaubnis abhängig gemacht. Weiter wurde durch einen im Jahre 1548 gleichfalls in Augsburg gefaßten Reichstagsbeschluß die in manchen Städten bereits eingeführten Apothekenvisitationen für alle Lande des heil. römischen Reiches deutscher Nation angeordnet. Die Visitationskommission bestand an den meisten Orten aus einer Anzahl Beamten, Ärzten und dem Aichmeister. Nach den vorhandenen Revisionsprotokollen wurden nicht nur die Waren der Apotheke und deren Einrichtung geprüft, sondern es durften bei dieser Gelegenheit die Apotheker auch ihre Klagen und Wünsche vortragen. Der Aichmeister hatte bei den Revisionen die Richtigkeit des Apothekergewichtes zu prüfen. Das später in aller Welt verbreitete Nürnberger Unzengewicht wurde in Nürnberg 1555 gesetzlich eingeführt. In früheren Jahrhunderten hatten die Unzengewichte die Gestalt der Zeichen, mit denen die-

Abb 81. Apotheke während der Visitation. Kpfr. aus: Joh. Michaelis, Opera medico-chirurgica. Nürnberg 1688.

selben in der Schrift ausgedrückt wurden. Nur für denjenigen, der solche Gewichte kennt, ist Philander von Sittewald verständlich, wenn er bei der Beschreibung der im Traume an ihm vorüberziehenden Apotheker sagt: „Hernach kamen Drachmae, Unciae, Scrupuli, Grana, welche eine Gestalt haben, als ob es Schlangen, Skorpionen, Blindschleichen wären oder vielmehr deren Gift in sich hätten." Außer den jährlichen Revisionen wurden solche auch schon wie heute bei der Eröffnung neu angelegter Apotheken vorgenommen. Im Archiv des alten Nürnberger Apothekerkollegiums findet sich vom Jahre 1575 folgender Bericht: „Aus bevelh eines Erbarn Rats haben die verordneten Herren neben den Doctorn beyde hieneben verzaichnet Bartholme Zimmermanns neue angestellte Apotecken visitiert undt besucht. Die haben dieselben mit aller zugehörung gutt und alles frisch angeställt befunden. Das sie an den simplicibus und compositis und andern Materialien keinen mangel gesehen, allein das etliche Syrupi, Electuaria undt wasser noch nicht allerdings praepariert und zugericht. Dieweil sich aber der Zimmermann erbotten, sobalt es die Zeit geben werde, das er mit solchen allen der notturfft nach gefast sein wol, davon Ihr Ehrw. keinen Zweiffel trügen, konts man ihme anzeigen lassen, solches also anzustellen, damit nicht quid pro quo hinaus gegeben undt verkauft werde." Die nebenstehende Abbildung zeigt eine Apotheke während der Revision.

Abb. 82. Inneres einer Apotheke um 1600. Gleichzeitiges Kpfr. Nürnberg, Germanisches Museum.

Da auch noch während der Renaissanceperiode die Apotheken sich meistens in gewölbten Räumen befanden, so waren die Regale und Holzeinrichtungen derselben gewöhnlich noch recht einfach. Um den Apothekenräumen ein mystisch-reizvolles Ansehen zu geben, pflegte man in denselben gern ausgestopfte Tiere und merkwürdige Naturprodukte zur Schau aufzuhängen. Erhöht wurde die malerische Wirkung sehr durch die bunten Majolikastandgefäße, die man seit dem 16. Jahrhundert auch für den Apothekengebrauch viel aus Italien nach Deutschland einführte.

Damals mußten sich diejenigen, welche sich dem Apothekerberufe zuwenden wollten, vor einem Ausschuß von Ärzten darüber ausweisen, daß sie genügende Kenntnis der lateinischen Sprache besaßen. Die Verantwortlichkeit für seine Untergebenen hatte der Vorstand der Apotheke. Die Wormser Apothekerordnung vom Jahre 1582 schreibt vor: „Auch soll keinem Discipel oder Lehrjungen vor zwei Jahren zugelassen werden, ein Recept allein zu machen, es sey denn, daß der Herr der Apotecken oder ein erfahrener Apoteckergesell ... dabey ihme zusehe und den underweiß, bey straff fünff Gulden." Nach fünf- bis sechsjähriger Lehrzeit wurden die Discipuli Gesellen, oder, wie es im 17. Jahrhundert hieß: Subjecti

Abb. 83. Arzeneistoffe. Holzschnitt aus: Michael Herr, Schachtafeln der Gesuntheyt. Straßburg, H. Schott, 1533.

Diese hatten sich dann bei der selbständigen Übernahme nochmals vor einer aus Ärzten gebildeten Prüfungskommission über genügende pharmazeutische Kenntnisse auszuweisen.

Bis zum 16. Jahrhundert gab es in deutschen Apotheken noch kein gesetzlich eingeführtes Arzneibuch, das bei der Anfertigung zusammengesetzter Heilmittel als Richtschnur diente. Die Einführung eines derartigen Werkes unternahm zuerst auf deutschem Boden der Rat der Stadt Nürnberg durch die im Jahre 1546 erfolgte Herausgabe der von Valerius Cordus verfaßten „Pharmacorum conficiendorum ratio, vulgo vocant dispensatorium“. Den Apothekern wurde gesetzlich aufgegeben, „sich daran allenthalben gemeß zu halten“. Das Werk liefert namentlich Vorschriften zu galenischen Heilmitteln. Darunter versteht man vielfach zusammengesetzte Arzneimischungen aus pflanzlichen und tierischen Stoffen, zu denen sich bereits viele Vorschriften in den Büchern des Galenus finden. Zur Darstellung solcher Mischungen diente hauptsächlich der Mörser, mit welchem der Apotheker deswegen oft dargestellt wird. Außerdem wurden im pharmazeutischen Laboratorium des Mittelalters viele Destillierungen von Arzneiwässern aus metallenen Brennzeugen vorgenommen.

Cordus hat seine Angaben vorwiegend aus der durch die Araber und Salernitaner überlieferten griechischen Medizin entnommen. Jedenfalls steht das bis in's 17. Jahrhundert in wiederholten Auflagen gedruckte Werk noch ganz auf dem Standpunkt der mittelalterlichen Heilkunst. Man trifft unter den Mitteln des Dispensatoriums Kot von Kühen und Ziegen, die zum Theriak unentbehrlichen Vipern, rohe und geröstete Seide, Bocksblut, Wolfsleber, Lunge des Fuchses u. s. w. Chemischen Präparaten begegnet man selten. Die letzten Seiten des Buches enthalten in Kürze eine pharmazeutische Pflichtenlehre, in der die Gottesfurcht stark betont wird. Nach dem Beispiele Nürnbergs wurden im 16. Jahrhundert auch in anderen deutschen Städten ähnliche Arzneibücher eingeführt. Im Jahre 1564 erschien zunächst die Augsburger „Pharmacopoeia“. Der Verfasser derselben war der Augsburger Arzt Adolf Occo (Abb. 84). Ein Jahr später ward dann auch in Köln ein ähnliches Buch herausgegeben. Derartige Werke des 17. und 18. Jahrhunderts waren meistens mit schönem Titelkupfer versehen, wofür die Abbildung 85 ein Beispiel bietet. Am Ende des 16. Jahrhunderts fanden die durch Paracelsus empfohlenen Chemikalien vereinzelt Aufnahme in den Arzneischatz. Den Anhängern der galenischen Heilmittel gelang es anfänglich, gegen jene Gesetze zu veranlassen. In der Augsburger Medizi-

Abb. 84. Porträtmedaille des Augsburger Arztes Adolph Occo. Aus: Bayerland. Jahrgang 1896.

nalordnung vom Jahre 1582 ward den Apothekern gestattet, alle Arzneimittel zu machen, „ausserhalb dern, so als schädliche, verdachte und vergiffte medicamenta von den Gelerten vor langest erkannt worden, under welchen das Ladanum minerale, antimonium, turpethum minerale, und was andere purgierende sachen, auß dem Mercurio gemacht, mögen gezelt werden. Dise alle sollen in keinen weg in offnen Apotecken gemacht und noch weniger verkaufft werden."

Die Chemikalien ganz zu verbieten, wagte die Augsburger Medizinalordnung indessen doch nicht mehr, denn sie sagt: „gute extractiones, destillationes, quintae essentiae, olea, sales mögen wohl in den Apotecken gemachet" werden .... „Wiewol nicht darauß zu schließen, als solten alle oder fürnembste stück, so inn den Apotecken gemacht und verkaufft, zuvor extrahiert, destilliert und sublimiert werden, wie die unsinnige chemici und ihre adherenten ... fur geben."

Abb. 85. Die Wissenschaften huldigen der Borussia. Allegorisches Titelkupfer zu dem Preußisch-Brandenburgischen Arzneibuch. Erfurt 1734.

In den Apothekerordnungen des 14. und 15. Jahrhunderts wurden die Apotheker verpflichtet und ermahnt, daß sie für ihre Waren nur „einen erbaren, ziemlichen lon vordern und nehmen sollen". Da man trotzdem im 16. Jahrhundert fortwährend Klagen hörte, daß man die Leute mit den Preisen übernehme, so wurden allgemein Arzneitaxen eingeführt, die in einzelnen Ländern und Städten schon im 15. Jahrhundert vorkommen. Nichtsdestoweniger blieb dem Apotheker der Ruf des teuren Mannes. Wenn manche in früheren Jahrhunderten auch ein gutes Auskommen hatten, so war indessen das Los anderer mit geringerer Kundschaft doch keineswegs ein glänzendes. So klagt im Jahre 1578 der Nürnberger Apotheker Zimmermann bei der Revision der Behörde, daß „dieses gantze Jahr von allen Doctorn nicht so viel Recepta in sein apoteck geschrieben, davon er über 4 Gulden genossen, daraus ein E. Rath und Jedermännig-lich unswär zu erachten, wie er sich mit seinem weib und kindlein ernähre." Um die Apotheker gegen die Parteilichkeit einzelner Ärzte zu schützen, verordnet schon die Wormser Ordnung vom Jahre 1582: Es „sollen auch unsere Medici

Der Balbierer.

Ich bin berussen allenthalbn/
Kan machen viel heilsamer Salbn/
Frisch wunden zu heiln mit Gnaden/
Dergleich Beinbrüch vnd alte Schaden.
Frantzosen heyln/den Staren stechn/
Den Brandt leschen vnd Zeen außbrechn.
Dergleich Balbiern/Zwagen vnd Schern
Auch Aderlassen thu ich gern.

Abb. 86. Der Barbier. Holzschnitt von Jost Amman aus: Beschreibung aller Stände. Frankfurt 1568. A. 231, 96.

sich gegen den Apoteckern, wo sie irem Ampt und Eyde fleissig nachkommen und ein gnügen thun, gebürlich und freundlich halten, nicht auß eigenen gefaßten Affekten sie übergehen und eignen gefallens schumpffiren oder auß neid und haß in schaden zu bringen understehen."

Bei der Höhe der gezahlten Preise für die Apotheken ist der zeitliche Geldwert in Betracht zu ziehen, was oft schwierig ist. Im Jahre 1501 zahlte „Lienhart Hoffmann der Appentegger" in Nürnberg „alle und yegliche Appenteggerey mit Werkzeug und allem anderen darzugehörig umb fünffhundert Gulden" (ohne Haus). Laut Kaufbrief kostete die gleiche Apotheke, welche im Jahre 1504 um einen jährlichen Zins von 20 Gulden verpachtet wurde, 1522 ohne Haus 813 Gulden. Im Jahre 1689 verkaufte der Besitzer diese damals sehr herunter gekommene Schwanenapotheke — Materialia und Vasa — um 3200 Gulden. —

Daß die Chirurgen mit akademischer Bildung in Deutschland im 16. Jahrhundert nicht ganz fehlten, zeigt die Wormser Medizinalordnung vom Jahre 1582: „So auch etwan einer verwundt wirdt, da gefahr bey ist, und böse zufäll zu besorgen seyn, sollen die Scherer abermals, in gestalt wie zuvor gemeldet, ein Medicum dazu berufen, damit er auch seinen rath mittheile, und niemandts versaumpt werde, bei Peen und Straff nach gelegenheit der überfahrung, ihm dem Scherer deßwegen haben abzunemmen. Jedoch sollen die Chyrurgi oder Wundärtzet, die in Chyrurgia auff einer Universität doctorirt haben unnd solch Werck wol verstehen, in diesem nicht gemeynt sein." Vorwiegend wurde die Chirurgie indessen von rein handwerksmäßig ausgebildeten Heilkünstlern ausgeübt.

Die Abbildung 87 zeigt einen Barbier aus der ersten Hälfte des 16. Jahrhunderts. Das Bild ist dem im Germanischen Museum befindlichen „Geschwornenbuch der Nürnberger Barbierer und Wundärzte" entnommen, demselben ist der Vers beigefügt:

> „Peter von Hausn ward dieser genannt,
> Z'barbirn ging aus in solchem gewant,
> Zierte damit sein stand."

Wie man sieht, trägt dieser Vertreter der niederen Chirurgie nicht den langen Mantel, in dem die studierten Ärzte damals einherstolzierten.

Im Villinger Stadtarchiv findet sich eine Ordnung der dortigen „Scherer-, Balbirer- und Bader-Zunft" aus dem Ende des 16. Jahrhunderts. In dieser heißt es: „Item so setzen wir auch, da arzet, Balbirer odr Scherer ankhomen, haimsch oder frembd, so sie sich der Artzney anmaßen wolten, die sollen für die Meister des gantzen Hantwerckts gestelt, gefragt und ihres thuns examinirt werden." Ein im germanischen Museum aufbewahrtes handschriftliches Rezeptbuch des Ettenheimer Stadtchirurgen J. C. Machleid vom Jahre 1754 enthält die wohl schon aus dem 16. Jahrhundert stammenden „Fragpunkte des Examens der kais. vord. oesterr. Stadt Villingen ... einer löblichen Facultaet Chirurgorum.“ Diese machen ersichtlich, daß sich das wundärztliche Examen über Anatomie und Chirurgie verbreitete, und daß das geforderte theoretische Wissen nicht ganz unbedeutend war. Die Frage: „Wie soll ein rechter Chirurg beschaffen sein?“ wird beantwortet: „Er soll ein rechter, frommer Christ, eines redlichen Gemüts, sittsam, eines nüchternen Lebens, subtiler Glieder, scharfes Gesicht, wohl gereist, in der praxi erfahren, wohl reden, auch ein wenig lügen können, oder sein Fach ist nix, aus einem Kreuzer zehen machen.“

Manche niederen Wundärzte zeigten trotz ihrer handwerksmäßigen Ausbildung tüchtige wissenschaftliche Fachkenntnisse. So war z. B., wie aus einem Eintrage im Nürnberger Ratsbuche vom 28. August 1551 hervorgeht, der oben abgebildete Jacob Baumann oder Paumann der Verfasser eines anatomischen Werkes. „Als Jacob Paumann Wundarzt,“ heißt es, „mit allem fleyß ain puch von der Anatomia oder Zerteilung der menschlichen Glyder in truck pracht, an mein Herren, ain Erbarn Rath, geschryben und Inen ain gepundenes exemplar dedicirt und überantwurt, ists von Ime zu gefallen angenummen und bevolhen worden, Ime in ansehung, das es ain seer nützlichs puch und von allen leyb- und wundärzten wol zu gepranchen ist, dagegen widerumb mit fünfzigk gulden zu vereeren. Und soll dasselb puch den dreyen vordersten doctoren der Erzeney fürgehalten und bei Inen beratschlagt werden, was derhalb mit den geschwornen Barbirern und wundarzten zu handeln und Jhnen zu bevelhen sein möcht, damits nit under die panńck geschoben, sonder yedermann zu nutz und guten gepraucht werde.“

Abb. 87. Barbier aus dem Anfange des 16. Jahrhunderts. Nach einer Wassermalerei im Geschwornenbuch der Nürnberger Barbierer und Wundärzte. Aus den Mitteilungen des Germanischen Museums.

Der Nürnberger Arzt Camerarius, der seinem Rate im Jahre 1571 Vorschläge zur Besserung des Medizinalwesens vorlegte, schreibt von den Barbierern, Badern und andern dergleichen Wundärzten: „Es wird ihnen aber hiermit nit benohmen, daß sie bewerte Wundtrank in Morbo gallico und anderen der-

Abb. 88. Operation eines Steinleidenden. Holzschnitt von Jost Amman aus: Bodenstein, Th. Paracelsus' Wund- und Arzeneibuch. Frankfurt 1566. A. 250, 6.

„Auf der Herren doktorn der leibarzney gegenbericht wider die Barbirer und Wundärzt, das Inen nit gepüer noch aus gefahr sei, den leuten ainniche arzney inn leib einzugeben unnd was Inen derwegen zugelassen, und ist bevolhen nachzusuchen, was den wundärzten vor Jaren hier Inen vergönnt, und Jr gesetz und pflicht aufweisen und bedenkhen, wie dieselbe pflicht weiter zu pessern sey und widerpringen." —

Im 16. Jahrhundert befanden sich im militärischen Sanitätspersonal auch studierte Ärzte und Apotheker. Dieselben wurden zuweilen nur für wenige Monate angeworben. Im Nürnberger Ratsbuche vom 16. August 1596 heißt es: „Und nachdem Egen, Medicus, wie auch die mit hinabgereiste und bestellte beede Apotheker und Barbirer fürgeben, daß sie sich weitter nicht denn uff dry Monate haben bestellen lassen, unnd nach außgang derselben wieder abzuziehen vorhabens sein sollen, dieweilen dann nicht allein uff die Apotheken, sondern uff Sie selbsten, inndem man für sie besonder Wagen und Pferdt haben müssen, dem Creiß ein merklich unkosten uffgangen, man auch Ihrer jetzo, da die Krankheiten erst recht angehen, am nothwendigsten bedürfen würden, soll Herr Beheimb zu seiner hinabkunft mit ihnen handeln, daß sie länger und biß den Reuttern wiederumb abgedankt werde, daniden bleiben und, worauff ein jeder bestellt, sich geprauchen lassen, da dann der Barbierer, wo nit bleiben wollte, soll man den allhie fürgeschlagenen Barbierersgesell, da er darzu zu vermögen, dagegen hinabschicken." Es handelt sich in dem Vorstehenden um das Medizinalpersonal der 1000 Reiter, welche der fränkische Kreis im Jahre 1596 unter dem Kriegs-

gleichen schweren schäden eingeben. Jedoch das solches jeder Zeit mit rath und vorwissen eins doctors der Leibarznei geschehe, welches aber nicht verständig soll werden von einer ganz ordentlichen Cura des Holzes, es sei in Morbo gallico oder anderen Krankheiten, derweil in denselbigen Fällen auch wohl ein geschickter Leibarzt genugsamb zu bedenken hat, denn es eine gute und gründliche erfahrung der Krankheit, complexion, der feuchtigkeit im leib und andere umbständen mehr erfordert, ohn welcher vleißiger betrachtung offtermahl solche cura ein unwiderbrenglichen schaden den armen Kranken leutten zufügen kann." Wie man schon hieraus sieht, kamen die Wundärzte oft auf Gebiete, welche die gelehrten Ärzte als die ihren betrachteten. Ein Eintrag vom 28. April 1559 im Nürnberger Ratsbuche ergiebt, daß die Behörden ab und zu zur Schlichtung von Grenzstreitigkeiten zwischen den Berufsthätigkeiten der Ärzte und Chirurgen angerufen wurden.

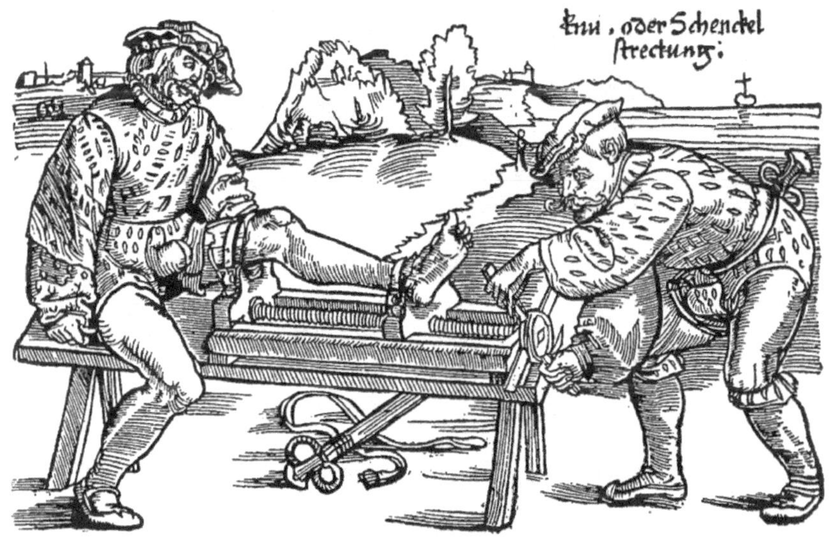

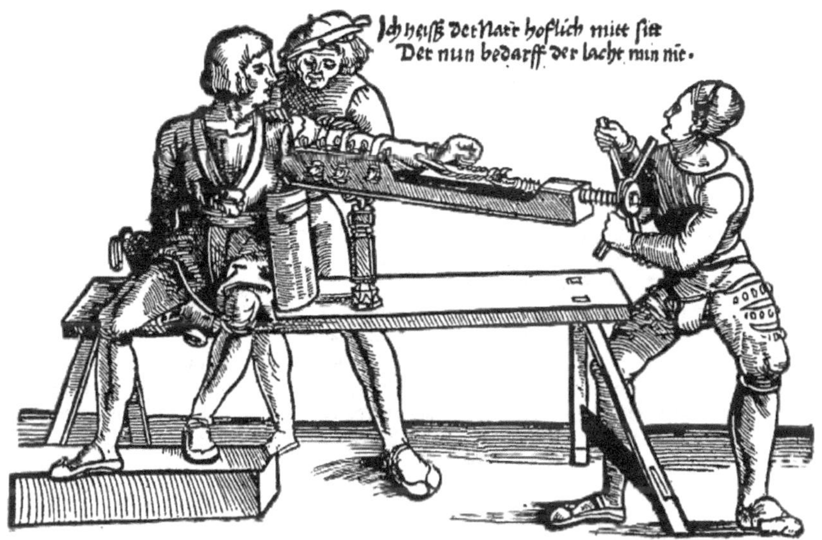

Abb. 89 u. 90. Schenkelstreckung und Armstreckung mittels künstlicher Maschinen. Holzschnitte aus: H. v. Gersdorf, Feldtbu h der Wundartzney. Straßburg, Schott, 1528.

Abb. 91. Ausbrennen einer Wunde mit einem Glüheisen. Holzschnitt in der Weise Wechtlin's aus: H. v. Gersdorf, Feldtbuch der Wundartzney. Straßburg, Joh. Schott, 1528.

220 Gulden 11½ Kreuzer, und die Gesammtunkosten für das Sanitätspersonal und die Apotheke beliefen sich für 4 Monate auf 1286 Gulden 51½ Kreuzer.

Die ersten bedeutenderen gedruckten chirurgischen Werke Deutschlands sind unter andern das im Jahre 1497 in Straßburg erschienene „Buch der Chirurgia" von Hieronymus Brunschwig und das „Feldtbuch der Wundarzney getruckt im Jahre 1517" von Hans von Gersdorf, genannt Schylhans. Diese Bücher zeugen schon von großer chirurgischer Erfahrung; es sind in ihnen eine Anzahl sinnreich erdachter Instrumente und viele große Operationen besprochen und dargestellt. Die Abbildungen in dem Werke des Schylhans sind von dem Holzschneider Hans Wächtlin. Meister Hans von Gersdorf hielt die Schußwunden für vergiftet, brannte sie mit heißem Öl aus und heilte sie durch Eiterung.

kommissar Kreß nach Ungarn zur Türkenhilfe schickte. Nach den im freiherrlich von Kressischen Familienarchive zu Nürnberg handschriftlich erhaltenen Kriegsrechnungen erhielt bei diesem Kriegszuge Doctor Johann Egen monatlich 100 Gulden, der Apotheker Johann Flaischer 32 Gulden, der Barbierer Lienhard Hermann 20 Gulden. Ihre Verpflegung hatten alle drei beim Kriegskommissar, der für jede Person monatlich 8 Gulden erhielt. „Der Kutschewagene, daruf solche Apodeckerei, also auch der Doctor, Apodecker und Barbierer gefiert worden", war mit vier Pferden bespannt. Die Apotheke befand sich in zwei Kisten, für welche der Schreiner 3 Gulden 30 Kreuzer, der Schlosser für den Beschlag 5 Gulden 30 Kr. erhalten hatte. Der Ankauf der mitgenommenen Arzneimittel verursachte einen Kostenaufwand von

Gegen diese barbarische Behandlung trat erst der aus dem Barbierstande hervorgegangene Chirurg Ambroise Paré im Jahre 1545 in seiner französisch geschriebenen Schrift: „Methode, durch Hacquebutes und andere Feuerwaffen verursachte Wunden zu behandeln" auf. Diesem französischen Chirurgen fehlte im Kriege zufällig das heiße Öl, und da bemerkte er, daß die Schußwunden ohne solches viel besser und schmerzloser heilten als mit diesem. Der von Paré eingeführten antiseptischen Wundbehandlung entsprachen viele Wundwasser des 16. und 17. Jahrhunderts durch ihren Gehalt an antiseptischen Stoffen, wie Essig, Honig und Schwefelsäure, Destillate von Pflanzen mit ätherischen Ölen und im Altschadenwasser Quecksilbersalze. Manche Salben enthielten allerdings noch oft fäulnisbegünstigende Stoffe. —

Über die fahrenden Heilkünstler finden sich in den meisten Medizinalordnungen der gleichen Zeit gesetzliche Bestimmungen. So heißt es in der Wormser Apothekerordnung vom Jahre 1582: „Also auch die Steinschneider, Oculisten und Zanbrecher bey dem bleiben, so sie gelernt und erfahren haben, und keine Artzney, wie gut auch dieselbig fürgeben und geachtet werden mag, ausserhalb deren ding, so zu irer Kunst gehörig, in Leib eingeben, sollen sie geduldet werden." Die Augsburger Medizinalordnung desselben Jahres giebt an: „Als wol auch die unsinnige, schreyende Zanbrecher, Apostatae, Juden, allerley Handwerksleut, alte, wahnsinnige Weyber insonderheit, welliche den Kranken pflegen außzuwarten, ... dise oberzelte personen alle mit einander betriegen den unverstendigen Pöffel, bringen auch zun zeyten die grosse Herren umb den Halß." Daher wird angeordnet: „Disen allen soll daz Artzneyen niedergelegt und durchauß abgeschafft sein." Der Frankfurter Stadtarzt Adam Loncier schreibt in seinem 1582 erschienenen Kräuterbuche besonders von den jüdischen Heilkünstlern sehr entrüstet: „Und dieweil viel über den vermeinten Judenärzten gehalten wirdt, welche doch hier zu lande ungeschickt, unerfahrene Eselsköpffe und ungehobelte Bacchanten sein, so gar nichts studiret und keinen verstandt einiger Schwachheit haben, auch kein wort deren Recepten, so sie schreiben, selbst verstehen, sondern aus Teutschen Praktiken dieselbige wie die Affen abmalen und auff abentheurer wagen, es gerahte wie es wölle ... Dann es ist unläugbar und mit der wahrheit täglich zu beweisen, was die vermeinte Judenärzte für ein beschweherung den Leuten mit verkauffung der Artzneyen, so sie ihnen reichen, machen. Sagen, sie begeren nichts für ihren Rath und Mühe, allein,

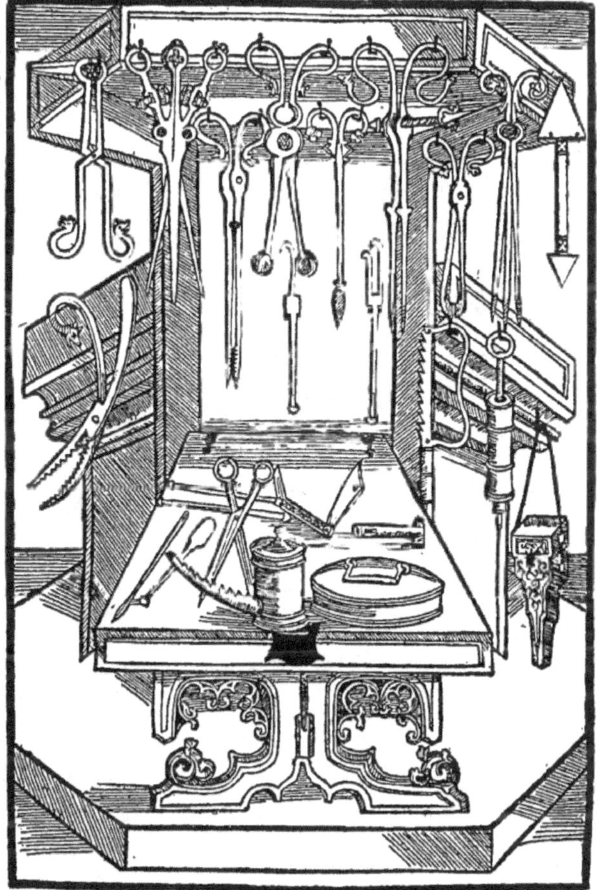

Abb. 92. Chirurgische Instrumente, speziell Zangen und Sägen. Holzschnitt aus: H. Brunschwig, Buch der Chirurgia. Straßburg, Grüninger, 1497.

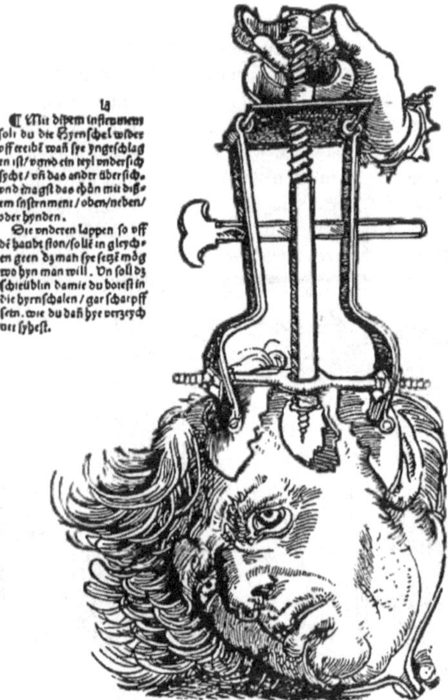

Abb. 93. Trepanation. Holzschnitt aus: H. v. Gersdorf, Feldtbuch der Wundartzney. Straßburg, Schott, 1528.

man solle die Artzney ihnen bezahlen — dann es seyen keine gemeinen Artzneyen und seien auch nicht in den Apotheken zu bekommen; — fordern also und nemmen von den Leuthen drey oder vier Gulden für geringe Artzneyen, welche sie zum höchsten für drei oder vier Patzen in der Apotheken zuvor geholet haben. Solchen Betrug betreiben sie täglich und ist mit der wahrheit zu bestätigen. Und ob ihnen wol durch das Glück etwa ohngefähr gerahtet, daß der Kranke gesundt wirdt, so ist doch ihr Herz und Gemüt gegen uns Christen viel anderst gesinnet. Denn es stehet in ihren Thalmudischen Satzungen außtrücklich, daß sie keinen Christen in der noth oder gefahr sollen hülff thun, sonder denselbigen in größere gefahr, noth und zum Todt helffen bringen." —

Das früheste bedeutendere deutsche Werk über die Behandlung von kranken Augen ist der „Augendienst", den der rein handwerksmäßig ausgebildete Schneid- und Wundarzt, spätere Hofoculist Georg Bartisch aus Dresden im Jahre 1583 reich illustriert erscheinen ließ. Er bespricht darin die Operation und Behandlung fünf verschiedener Stararten, des Augenfells, der Thränenfistel, des Schielens, der Geschwulst der Lider, der Bindehaut, und anderer Augenleiden, die durch Operation zu heilen sind. Die Abbildung unten zeigt eine mit Seide überzogene Kappe von Leinwand, wie sie Bartisch bei Kindern gegen das Schielen in Anwendung brachte. „Und sol die Kappe zwei löchlein zu den Augen haben, als nemlich, wendet das Kind beide Augen gegen der Nase, wie gemeiniglich geschicht, sollen die zwei löchlin zu den Augen desto weiter auff die Seite gegen den Ohren oder gegen den Schläffen gemacht und gesetzt werden, damit das Kind die Augen nach dem Licht . . . richten müsse." In der Vorrede seines Buches schildert Bartisch die Leute, die sich mit der Augenheilkunst befassen: „Es mangelt auch nicht an alten Weibern, losen Vet-

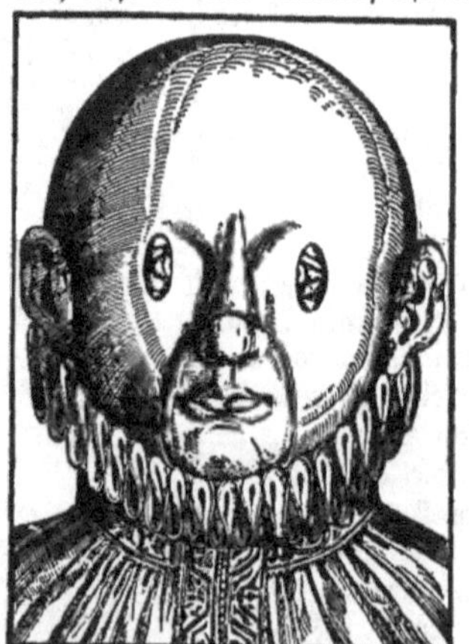

Abb. 94. Kappe zur Heilung des Schielens. Holzschnitt aus: G. Bartisch, Augendienst. Dresden 1583.

Abb. 95. Staaroperation. Holzschnitt aus: G. Bartisch, Augendienst. Dresden 1583.

Die erste deutsche gemeinverständliche Darstellung der Zahnleiden und ihrer Heilung unter Beigabe von Abbildungen der nötigen Instrumente gab Walther Ryff in der Mitte des 16. Jahrhunderts in seiner „Chirurgie". —

Zu gleicher Zeit wurden in Nürnberg die „geschworenen Weiber" alljährlich vor das Rugamt gefordert, um die geschehenen Mängel und Fehler der Hebammen zur Anzeige zu bringen oder auch um Verbesserungsvorschläge zu machen. Bei der Behandlung von Frauenleiden war es ihnen zwar untersagt, stark wirkende Arzneimittel in Anwendung zu bringen, jedoch schreibt im Jahre 1571 der Nürnberger Arzt Camerarius in einem Verbesserungsvorschlage bezüglich des Nürnberger Medizinalwesens: „Es wird aber hiermit solchen leutten Haus-Arzney, Säfft und dergleichen stückchen, damit man nicht sobaldt gefährlich irren kann und ohn das täglich gebraucht werden, gar nicht verbotten." Die geschworenen Weiber befaßten sich übrigens mit amtlicher Genehmigung mit Heirats-

Abb. 96. Einfaches Destilliergerät auf einem Küchenherd. Holzschnitt aus: G. Bartisch, Augendienst. Dresden 1583.

teln, Theriaksleuten, Zahnbrechern, vertorbenen Krämern, Ratten- und Meusemennern, Spitzbuben, Kesselflickern, Säwschneidern, Schirgenten und Bütteln und anderen leichtfertigen, verwegenen, unnützen Gesindlin, das sich alles dieser edlen Cur untersiehet, derer etliche und doch nicht wenig mit stadlichen Kleidungen, köstlichem Golde und Silber, viel Knechten und Pferden, übermäßigen Tracht und Pracht, großen Geschrey und Allfantzerey hin und wieder sich sehen und hören lassen, dardurch viel guter Leute nicht allein schendlich und übel betrogen und herumbgerückt, sondern auch über die maße geschatzt und übersetzt, darzu endlich gar verterbet und gesterbet werden." Unter Anführung des Verses:

„Ein blinder Mann, ein armer Mann,
Ob er gleich schön ist angethan,"

ermahnt Bartisch die Behörden, Sorge zu tragen, daß die Augenleidenden „nicht in solcher leichtfertigen Augenverderber oder Augenmörder Hende müssen geraten und gedeyen." —

Von den vß gebrenten wassern Ein gůts nützlichs bůchlyn. In wölcher maß man die zů den glydern nützen vnd bruchē soll/ als dann meyster Michel Schrick doctor der ertzney die dē menschē beschribē hat.

Abb. 97. Wasserbrennerin benutzt zur Destillation als Brenngeschirr den sog. „Rosenhut". Titelholzschnitt aus: M. Schrick, von den ußgebrennten Wassern. Straßburg, Knoblouch, 1519.

vermittelung. So sagt auch Camerarius von ihnen, „das man sie fürnemlich zu verrichtung der Heurath gebraucht hat als diejehnigen, die erfahren hatten, welche zu dem Ehestande am besten zusammen sich schickten."

Zu den gesetzlich berechtigten weiblichen Heilkünstlern gehörten auch halb und halb noch die „Wasserbrennerinnen", welche das Recht zur Anfertigung gewisser Heilmittel hatten. Im Jahre 1651 wurde von dem Nürnberger Rat ihretwegen erlassen: „Soviel aber das Säfft-Sieden und Wasserbrennen belanget, so von geschworenen und andern Frauen bisher getrieben worden, ihnen solches noch ferner verbleiben zu lassen, doch mit dieser ausdrücklichen Anzeig, daß sowohl die geschworen als andere eigene Purgier-Säfft oder dergleichen Sächlein noch andere purgantia bei Straff 5 Gulden nicht herausgeben sollen." Schon in der Medizinalordnung vom Jahre 1679 wurde es den Frauen untersagt, Arzneien für Kindbetterinnen und andere Frauen selbst zu bereiten.

Wie sehr die Geburtshilfe durch Männer verpönt war, zeigt das Schicksal eines Pfuschers und Landstreichers, der im 16. Jahrhundert nach Hamburg kam. Derselbe verschaffte sich, als Hebamme verkleidet, in angesehenen Häusern Kundschaft. Endlich wurde der Abenteurer als Mann erkannt, und bei der weiteren Untersuchung kam eine Unzahl von ihm begangener Frevel an den Tag. Es ging ihm dafür schlecht. In Tratziger's Chronik heißt es: „Es wurt auch einer diß jar verbrannt, der nennt sich doctor Veit, hatte hin und wieder seltzam abentewer ausgerichtet und sich eine zeitlang vor eine bademume ausgegeben und bei den frawen in den Kindesnöten gebrauchen lassen." Für die Entwicklung der Geburtshilfe war das Fernhalten der männlichen Ärzte nicht günstig, da hierdurch eine Spaltung zwischen Theorie und Praxis entstand. Bis zum 17. Jahrhundert waren alle Lehrbücher für Hebammen von Männern geschrieben. Gemeiniglich wird der in der ersten Hälfte des 16. Jahrhunderts wirkende französische Chirurg Ambroise Paré, der die Wendung auf die Füße eingeführt haben soll, als der Vater der wissenschaftlichen Geburtshilfe genannt. Diese Wendung auf die Füße empfiehlt in gewissen Fällen indessen schon vor Paré Eucharius Rößlin in seinem Hebammenbuche: „Der swangern Frawen und Hebammen Rosengarten" 1513. Das schon vor diesem erschienene Werk für Hebammen, das unter dem Namen des Albertus magnus geht, soll von Henricus de Saxonia verfaßt sein.

Männliche Hilfe wurde bei den Entbindungen bis zum 18. Jahrhundert nur dann in Anspruch genommen, wenn chirurgische Operationen nötig waren. Diese besorgten die Wundärzte oder sonst in der Schneidkunst geübte Leute.

Im Anfange des 16. Jahrhunderts vollführte der Schweineschneider Jacob Nufar in Thurgau an seiner eigenen Frau, zum ersten Male an einer Lebenden, den Kaiserschnitt mit solchem Glück, daß die Mutter später die Welt noch mit einer großen Anzahl Kinder beschenken konnte. Im Altertume wurde der Kaiserschnitt zur Rettung der Kinder nur an verstorbenen Müttern vorgenommen. Nach einer unverbürgten Nachricht soll Cäsar auf diese Weise zur Welt gebracht sein und daher seinen Namen, welcher „der Herausgeschnittene" bedeuten soll, bekommen haben. —

Im 16. Jahrhundert enthielten die gerade damals zahlreich in deutscher Sprache erscheinenden Kräuterbücher meistens für das Volk berechnete Angaben über die Anwendung der Arzneistoffe. Außerdem gab es noch besondere, ebenfalls populär geschriebene Arzneibücher für den Haushalt. Von diesen sind zu nennen der „Spiegel der Artzney" von Laurentius Phries, weiter „Ein meysterliches außerlesenes büchlein der Artzney" von Johannes Tollat von Bochenberg und das „Confektbuch und Hauß-Apoteck" von Walther Ryff, Frankfurt 1544. Das letztere erlebte eine besonders große Anzahl von Auflagen.

In den Sammlungen des germanischen Museums finden sich aus der Zeit vom 15. bis zum 18. Jahrhundert eine große Menge Hausapotheken. Wenn man die modernen mit den in der Vorzeit von den Frauen benutzten in Vergleich stellt, so fällt dieser, vom künstlerischen Standpunkte aus betrachtet, entschieden zu Ungunsten der ersteren aus. Wie bei vielen andern Dingen legten unsere Vorfahren auch bei den Hausapotheken einen hohen Wert darauf, daß dieselben, neben ihrer nützlichen Seite, auch den menschlichen Schönheitssinn befriedigten. Nicht so unbedingt möchte man dem Arzneischatze der Vergangenheit vor dem heutigen den Vorzug geben. Zur gerechten Beurteilung jener Arzneimittel, von denen uns gewiß viele recht thöricht erscheinen, sollen wir indessen nicht vergessen, daß auch unsere heutigen Heilstoffe, von der Warte einer späteren Zeit betrachtet, wahrscheinlich mehr angedichtete als wirkliche Tugenden zeigen werden. —

Noch ein Wort über das Badeleben dieser Zeit. In manchen Badeorten waren in den Sommer-

Artzney Biechleinn der Kreutter/gesamlet durch Johannem Tallat von Vochenberg/Bey dem aller erfarnesten der ärtzney Doctor Frick-en zů Wien.

Abb. 98. Arzt und Gelehrter. Titelholzschnitt zu: J. Tallat, Artzney Biechlein der Kreutter. Augsburg, Steiner, 1530.

Spiegel der artzney:
gemacht durch den hochgelertẽ Lau-
rentiũ Phriesen / der philosophey vñ artzney doctorẽ /
gezogẽ vß den fürnemstẽ büchern der altẽ diser kunst
Auch durch lange fleissige übũg / vñ erfarũg (welche
ein meister aller ding ist) des obgenanten doctors zů-
wegen gebracht / mit fast nützlichen vñ bewertẽ
stucken / dem menschẽ sein gesundtheit zů-
behalten / die verloren wider bringẽ /
vnd zů vnderweisung aller / so
sich artzney vnderziehẽ
wöllen.

Gebessert vnd widerumb fleissig übersehen
Durch Othonem Brunfels.

Abb. 99. Titelholzschnitt zu: L. Phries, Spiegel der Artzney. Straßburg, Balthasar Beck, 1529.

Abb. 100. Der Sprudel zu Karlsbad im 17. Jahrhundert. Gleichzeit. Kpfr. von G. Hupschmann. Nürnberg, Germ. Mus.

monaten so viele Gäste, daß die Wohnungen nicht ausreichten und die Kurgäste in Zelten lagen. Von Pyrmont wird aus dem 17. Jahrhundert erzählt, daß aus Mangel an Schlafstellen die Hälfte der Gesellschaft nur bis Mitternacht schlief, während die andere Hälfte, welche bis dahin dem Vergnügen nachging, alsdann zur Ablösung erschien. Mit der Verpflegung war es in vielen Bädern ebenso recht mangelhaft. So klagt der Nürnberger Kaufmann B. Paumgartner im Jahre 1591 von Karlsbad in einem Briefe: „Sonst ist es allhie wahrlich ein sehr sprödes Wildbad, da umbs Geld doch gar nichts zu bekommen, schier weder Wein noch Bier allhie hat."

Derselbe Gewährsmann besuchte im Jahre 1584 das Wildbad bei Lucca und berichtet über sein dortiges Badeleben in erhalten gebliebenen, von G. Steinhausen veröffentlichten Briefen an seine Frau: „Und trink all Morgen früe nüchtern 2 1/3 Maß. Ehr aber vom Bett aufstehe, so ist schon der mehrer Theil, ja mehr als die 7/8 alles hindurch, in einsteils durch den Harn oder Brunnen, wiewol vor dreien Tagen schon angefangen zu purgieren. Im Leib ein Gerümpel macht; macht mich aber im wenigsten gar nicht matt, als sonst die Purgatzen zu thun pflegen." Da sein Kopfweh nicht abnimmt, wendet er sich an drei Ärzte. Über ihren Rat schreibt er seiner Gattin: „Das fürnemst aber ihrem Fürgeben nach gewest wäre, (wenn) ich dem Wildbad als mit Baden und Docciren (Douchen), als dasselb Wasser auf die Hirnschalen all Tag zwei Stund laufen, desgleichen auch an den Magen rinnen lassen, recht und besser ausgewartet hätt."

Abb. 101. Operation eines Wassersüchtigen durch Paracentese. Kpfr. aus dem Ende des 16. Jahrhunderts. Nürnberg, Germanisches Museum.

Hippocratis, so ex ratione et experientia hergeflossen, pflegen zu artzneyen."

Derartige Gesetze sollten ein Bollwerk sein gegen die medizinischen Lehren jener Heilkünstler, welche die Autorität der Antike nicht anerkennen wollten, sondern in die medizinische Wissenschaft schon während der Reformationszeit einen neuen Geist zu tragen suchten.

Besonders war es der im Jahre 1493 bei Maria Einsiedeln geborene Philippus Theophrastus Bombastus von Hohenheim, genannt Paracelsus, der als Reformator der medizinischen Wissenschaft auftrat. Er wirkte in Basel als Lehrer der Medizin und führte bekanntlich, dem Trunke ergeben, später als fahrender Arzt ein unstätes Wanderleben.

Am Johannistage des Jahres 1527 verbrannte derselbe in Basel die bisher so hochgeschätzten Werke des „Fürsten der Ärzte", des Arabers Avicenna, und des Galenos, indem er sprach: „Ich hab die Summe der Bücher in St. Johannis Feuer geworfen, auff daß alles Unglück mit dem Rauch in die Luft gang." Nicht nur aus patriotischen, sondern auch aus praktischen Gründen bemühte sich Paracelsus, in die medizinische Wissenschaft statt des üblichen Gebrauches des Lateins die deutsche Sprache einzuführen. Obgleich er die lateinische Sprache sehr wohl beherrschte, so hielt er seine medizinischen Vorlesungen ganz gegen den damaligen Gebrauch in deutscher Sprache ab, in der auch seine Schriften veröffentlicht wurden. Noch zu Lebzeiten erkannte er indessen, daß es ihm nicht glücken würde, damit Schule zu machen. Er äußert sich darüber: „Und ich sage euch, es ist der ganze Himmel und alle kreuter ehr und leichter zu erlernen denn das heillose Latein und Griechisch Grammatica. Und were besser, man studierte die nöttigsten Dinge, zur

Am Ende des 16. Jahrhunderts machte man die ersten Versuche, die Zusammensetzung der Mineralwasser kennen zu lernen. Es finden sich diese niedergelegt bei L. Thurneißer zum Thurm in seinem „Fison, das erst Theil von kalten und warmen minerischen und metallischen Wassern", 1572, und im „Neuen Wasserschatz" von Tabernaemontanus 1584. —

Zu den schlimmen Plagen, welche die Menschheit im Mittelalter heimsuchten, kamen in der Zeit um 1500 als neu auftretende epidemische Leiden der englische Schweiß und die Franzosenkrankheit. Namentlich die letztere hauste neben der Pest im 16. Jahrhundert sehr verheerend. —

Bis zum Ende des 16. Jahrhunderts galt in Deutschland als richtige Heilkunst allein die, welche nach den Lehren des Hippokrates ausgeübt wurde. Nur diese genoß obrigkeitlichen Schutz. So schreibt die Augsburger Medizinalordnung vom Jahre 1582 vor: „Die Herren Medici ... sollen die uhralte, bewerte Hippokratische Medicin exercieren, dieselbige nach bestem vermögen helffen vertheitigen, darneben keine andern lassen einreyssen, was namen die haben." Und weiter an einer andern Stelle: „Derohalben die für untüchtige ärtzet erkannt, welche außerhalb des rechten grundts arßnei gehörig, vorhin und das Latein hernach. Aber euch ist nicht weder zu rathen noch zu helffen, denn ihr liebet die sprachen, wie der Bauer den Adel." Wie Hippokrates vertraute auch Paracelsus bei der Heilung der Krankheiten hauptsächlich auf die Naturheilkraft, die er den „inneren Arzt" nannte. Diesen könne der „äußere Arzt" bei seinen Heilbestrebungen nur unterstützen. Für die Neugestaltung der Arzneikunst waren besonders die Ansichten von Bedeutung, welche Paracelsus von dem Wesen der Krankheiten hatte. Er verpersönlichte sie nämlich und hielt sie so zu sagen für geistige Wesen. Zur Vertreibung derselben mußte der in die Körper eingetretene Krankheitssamen durch die in den Heilmitteln enthaltenen geistigen Kräfte bekämpft werden. Der Krankheitssamen konnte nach Paracelsus entweder ererbt oder aus Verderbnis entstanden sein. Der alten Ansicht des Galenos, die auch die Araber zu der ihrigen gemacht hatten, daß alle Krankheiten aus den Humoribus entspringen, trat Paracelsus entgegen und unterschied fünf verschiedene Krankheitsursachen. Für jede Krankheit, meinte er, gäbe es dort, wo sie auftrete, auch ein bestimmtes Heilmittel, das er als „Arcanum" bezeichnet. Dieses zu finden, hielt er für die Aufgabe der Medizin.

Paracelsus war bestrebt, möglichst einheimische Arzneistoffe in Anwendung zu bringen. Denn, sagte er, „wie kann man Krankheiten, die in Deutschland auftreten, mit Arzneimitteln heilen, die Gott am Nil wachsen läßt?" Er war überhaupt der Ansicht, der Schöpfer habe den ganzen Makrokosmos, die Welt, nur zum Nutzen des Mikrokosmos, des Menschen, geschaffen. Hierdurch kam er zur Annahme der Lehre von den Signaturen der Pflanzen, die schon bei den alten Griechen verbreitet war. Der Arzt Oswald Croll, ein Schüler des Paracelsus, macht uns im Jahre 1623 diese Lehre in folgender Weise mundgerecht: „Gott hat einem jeden Gewächs seinen Verräter eingepflanzt, damit man die eigenen und sonderbaren Kräfte und Eigenschaften der Kräuter, so heimlich in denselben verborgen, durch ihre äußerliche Signaturn, das ist die Vergleichung der Form und Figur, auß ihrem bloßen Anschauen könnte erkennen und erraten." Nach Oswald Croll hatte zum Beispiel die Wallnuß die Signatur des Hauptes, denn ihre Schale gleiche der Hirnschale, ihr Kern mit der Haut der Hirnhaut und dem Hirn. Folglich mußte sie gegen Kopfkrankheiten wirksam sein. Bei den Stengeln des Storchenschnabels und bei dem Gnadenkraute fand er eine Ähnlichkeit mit dem Schienbein, deswegen wurde das Pulver von diesen Kräutern als Heilmittel bei Beinbrüchen verwendet. Es ist selbstverständlich, daß auf diese Weise viele Arzneimittel in den Heilschatz kamen, die nur eingebildete Kräfte besaßen.

Aus den Arzneistoffen bestrebte sich Paracelsus die eigentlichen Heilkräfte durch Ausziehen oder Abdestillieren in möglichst verdichteter Form abzusondern. Hierdurch gab er den Anstoß zur Einführung der Tinkturen, Extrakte und der Metallsalze.

Abb. 102. Amputation eines Beines. Kpfr. aus dem Ende des 16. Jahrhunderts. Nürnberg, Germanisches Museum.

Abb. 103. Flugblatt auf Philippus Theophrastus Paracelsus (1493—1541) mit dessen Porträt. Kpfr. aus dem 16. Jahrhundert. Wien, k. k. Kupferstichsammlung.

Paracelsus sagte: „Es ligt nit am leib, sonder an der krafft. Darumb das fünfft wesen erfunden ist, aus zwanzig pfunden ein loht zu machen, und das loht übertrifft die 20 pfund. Darumb je weniger leibs, je höher die artznei in tugenden ist." Paracelsus befand sich nicht selten mit seinen eigenen Lehren im Widerspruch. Es kann uns deshalb nicht befremden, daß manche Lehren seiner Schüler sich scheinbar nicht mit denen ihres Meisters im Einklang befanden. So betrachteten die Paracelsisten noch mehr als Paracelsus selbst den Lebensprozeß vom chemischen Standpunkt aus. In ihren Vorstellungen über die Entstehung der Krankheiten kamen sie dadurch nahezu auf die Erklärung des Hippokrates, der die Krankheiten aus einer verkehrten Säftemischung ableitete.

Sie führten also alle Erscheinungen im gesunden und kranken Menschen auf chemische Vorgänge zurück. Im gesunden Körper waren die aufeinander wirkenden Stoffe im richtigen Gleichgewicht, während bei Krankheiten einzelne Bestandteile überwogen. Durch die Anwendung chemischer Mittel glaubte man die Störungen im Körper am leichtesten wieder regeln und die Stoffe in das richtige Gleichgewicht versetzen zu können. Als ein sehr wirksames chemisches Arkanum gegen diejenigen Störungen, welche als Franzosenkrankheit bezeichnet werden, hatte Paracelsus selbst die innerliche Anwendung von Quecksilbersalzen mit Erfolg gebraucht. Weitere ähnliche, für bestimmte Krankheiten besonders geschaffene chemische Heilmittel, sogenannte Specifica, ausfindig zu machen, ward

Abb. 104. Allegorie: Der zwitterhafte Stein der Ween mit seinen verschiedenen Entwicklungsstufen. Holzschnitt aus: Reusner, Pandora. Basel, Henricpetri, 1578.

nach ihm der Hauptzweck der chemischen Wissenschaft. Während diese früher, als Alchimie, nur deswegen betrieben wurde, um andere Metalle in Gold zu verwandeln, übernahmen am Ende des sechszehnten Jahrhunderts die Ärzte und Apotheker die Scheidekunst aus den Händen der Alchimisten, um wirksame Heilstoffe herzustellen.

Der Arzneischatz erfuhr hierdurch eine sehr bedeutende Bereicherung. Zwar schon vor Paracelsus hatte am Ende des 13. Jahrhunderts der französische Arzt Arnoldus Villanovus und in der Mitte des fünfzehnten Jahrhunderts Basilius Valentinus auf die Verwendbarkeit alchimistischer Präparate zu Heilzwecken hingewiesen. Eine weit verbreitete Verwendung hatten die Chemikalien in der Heilkunst indessen bisher noch nicht gefunden. Man traute ihnen nicht und hielt sie für einen eben solchen Schwindel wie den hypothetischen Stein der Weisen, der nicht nur alle anderen Metalle in Gold verwandeln sollte, sondern von dem es nach dem Buch der „Drivaltigkeit", einer alchimistischen Handschrift des germanischen Museums aus den Jahren 1414—1418, auch heißt: „Wer dez steinez pulver isset, der wirt von allen suchten gesund. Dis golt ist so lauterliche gestalt, hier machet ein harnesch von, daz ziehet an, kein waffen mag euch hindern. Wer diesen stein treget über im, kein schade mag im zukumen."

Die hauptsächlichsten Vertreter des ärztlichen Standes, welche sich in der durch Paracelsus heraufbeschworenen Zeit der sogenannten Jatrochemie damit befaßten, mit Hilfe der Chemie

Abb. 105. Titelkupfer von S. Furck zu: Fabricius, Opera observationum et curationum Medico-chirurgicarum. Frankfurt 1646.

Abb. 106. Ein Wundarzt operiert einem Bauern den Fuß. Kpfr. von F. del Pedro nach Teniers. 17. Jahrhundert. Nürnberg, Germ. Museum.

neue Heilmittel herzustellen, sind zu nennen: Libavius 1540—1616, Croll, gest. 1609, Mynsicht, ungefähr um 1630, Glauber 1604—1668, van Helmont, 1577—1644.

Andreas Libavius, deutsch Libau, war in Halle geboren und hatte Medizin, Chemie, Geschichte und Sprachwissenschaft studiert. Er zählte sich selbst noch zu den strenggläubigen Galenisten und zog in verschiedenen Streitschriften gegen die Paracelsisten und deren Geheimmittel zu Felde. In seiner im Jahre 1595 erschienenen, gegen den als Arzneikrämer herumwandernden Juristen Georg Amwald aus Augsburg gerichteten Schrift „Panacea Amwaldina" sagt er: „Ich wollte gern die Leute mit einfältigen Worten vermahnen, daß sie sich von Paracelsischen Dampf nicht einnehmen ließen. Denn er ist der Wahrheit schedlich ... wer sich drauff läßt, schlägt in lären Berg und sucht Arzt, da keine zu finden." Paracelsus selbst wird in seinen Schriften als „Teufelsdiener", „versoffner, nasser Knab", „Epicurische Sau", „lichtflüchtiger Nachtrapp" und mit ähnlichen Ehrentiteln bezeichnet. Trotzdem rechnet man den Libavius jetzt schon halb und halb mit zu den Paracelsisten.

Im Anfange des 17. Jahrhunderts war die Behandlung mit den von Paracelsus empfohlenen Metallsalzen, unter denen die des Quecksilbers und Antimons eine Hauptrolle spielten, noch nicht allgemein gestattet. Nach einem Eintrage vom 14. Juli 1601 im Nürnberger Ratsbuche ward gegen einen Barbier, der eine Kranke innerlich mit Antimon behandelt hatte, ein Strafverfahren eingeleitet: „Auf Herrn Doktor Michael Rötenbeckhen bericht, das es mit Barbara Ebnerin, der Vincent Liechtenberger, Barbierer, Antimonium cum substantia eingegeben, in äußerster gefahr gestanden, ist verlassen, ermelten Liechtenberger auf einen Thurm gehen zu lassen und mit allem Ernst zu Red zu halten, warumb er wider meiner Herrn Ordnung

Abb. 107. Das Laboratorium chemicum zu Altdorf im 17. Jahrhundert Kpfr. von J. G. Puschner. München, Kupferstichkabinet.

und Verpott dergleichen ding den Leuthen einzugeben sich understehe, und sich darzu vernemen lassen drüber: Er seye nicht schuldig, jemand Rechenschaft zu geben, was er für medicamenta gebrauche, da doch die Doktores in den Apotheken ihre eigenen Bücher haben, darin man ihre Recept, die sie den Leuthen verordnen, schreiben müssen; soll anzeigen, weme Er mehr dergleichen Sachen habe eingegeben." Erst in der Mitte des siebzehnten Jahrhunderts hatten sich die Arzneimittel des Paracelsus im deutschen Heilschatze allgemein eingebürgert.

Durch die chemische Thätigkeit der Paracelsisten wurde das technische Können in der Chemie sehr erweitert. Hierdurch kam am Ende des 17. Jahrhunderts für die Chemie die Zeit heran, in der sie nicht mehr, wie früher, nur die Dienerin der Goldmacherkunst und der Medizin war, in der vielmehr ihr Studium einen wissenschaftlichen Charakter annahm und das Erkennen und Forschen nach Wahrheit zum Selbstzweck ward. Auf den deutschen Universitäten wurden deshalb im 17. Jahrhundert chemische Laboratorien gegründet. Eine gewisse Berühmtheit durch seine „Weite, Zierlichkeit und Kostbarkeit" hatte das Laboratorium chemicum der Universitätsstadt Altdorf, welches im Jahre 1682 begründet und dessen erster Leiter der Professor Joh. Moritz Hoffmann war.

Bekanntlich ist die jetzt herrschende antiphlogistische Chemie aus der Erkenntnis des Verbrennungsprozesses hervorgegangen und datiert aus der Zeit, aus der die modernen Anschauungen über die Natur und das Wesen des Feuers stammen. Zur Erklärung des Verbrennungsvorganges nahm schon der arabische Chemiker Geber, der um das Jahr 800 lebte, in den Metallen einen schwefeligen Brennstoff an. Zu einer klaren Vorstellung von der Natur und Wirkung dieses hypothetischen Stoffes kam es in der Chemie bis zum Ende des 17. Jahrhunderts indessen nicht. Der deutsche Arzt J. J. Becher (1635—1682) gab den ersten Anstoß, sich wieder mit dem Wesen der Verbrennungserscheinungen zu befassen. Er stellte in seinem Werk „Physica subterranea", welches Stahl

Eigentliche Beschreibung der beschwerlichen Seüche deß Wurms.

Patient,
Herr Doctor einen gueten/ Tag
Doctor.
Habt danck mein Freund/ was ist ewr klag/
patient,
AN ewer Exelent steht mein bitt/
Mir günstig zu verargen nit/
Daß ich dieselb so hoch bemüh/
Ich hab hali mit mir gebracht hie/
Im Glaß/ als ein Krancker mein Harn/
Beim Herren dardurch zuerfahrn/
Mein schwer Anligen vnd Kranckheit/
So mich vnderschidlicher zeit/
Anstost mit wunderbahrem grauß/
Daß ich nit bleiben kan im Hauß/
Lauff offt davon in solcher Hitz/
Als ob hin wer vernunfft vnd witz/
Mir komen für gar seltzam Grülln/
Die mir den Kopff so vol einfülln/
Daß frembde Leuth auff freyer gassn/
An meim gang spüren vnd mueth massn/
Mein anligen vnd mich beschreyn/
Fürwar kein kosten solt mich rewn/
Wann ich doch nur erfahren kunth/
Solcher Kranckheit rechten grundt.
Doctor.
Ja mein Freund ich sag euch fürwar/
Ewer handel steht mißlich gar/
Vnd will euch gleich nit bergen vil/
Ihr habt troffen daß rechte zihl/
Raith zusuechen in diser sach/
Daß nit drauß folg grösser vngmach/
Kombt vnd besecht selber den Furta/
Ein Schleim wie ein schrecklicher Wurm/
Läst sich im Glaß eygentlich sehen/
Der thuet sich im Hirn so blehen/
Ein Mensch so mit disem behafft/
Empfind villerley eygenschafft/
An jhm daß gwiß auch nicht wirdt fehlen/
Bey euch thuet solches nicht verhelen/
Söll ich euch anderst recht Curieren,
Die sach miessen wir inquiriren,
Sagt mögt jhr auch essen vnd Trinckn/
Patient.
Ach Herr wann ich daran thue denckn/
So glostet mir geleich der Magn/
Man kan mir offenlicht gnueg aufftragn/
Mein Gsind klagt solches offt vnd vil/
Doctor.
Ja ja der Wurm steht nicht still/
Er mueß immer haben zue nagen/

Seind euch auch nit hefftig zerschlagen/
Ewer Glidmaß müed/math vnd schwach/
Patient.
Waß ist doch für ein Wunder sach/
Das jhr alles was mir anligt/
In meinem Harn sehen mögt/
Freylich thue ich dasselb offt spürn/
Kan offt zur Arbeit dhend nit rürn/
Deß weitten lauffens ich nicht acht/
Doctor.
Secht wie der Wurm bossen macht/
Solchs auß dem Schleim verursacht wird/
Welchen der Wurm operiert.
Gebürt auch offt melancoley,
Patient.
In allem erraith jhrs gar frey/
Sitz offt allein Melancolier,
Niemand bringt ein wort von mir/
Vnd bin gar trawrig oberauß/
Besonder wan kein Geldt im Hauß/
Doctor.
Mögt jhr aber auch ruehen Schlaffn/
Patient.
Dasselbig gibt mir nichts zuschaffn/
Dann leg ich mich vmb Acht Uhr nider/
Erwach ich kaum deß Morgens wider/
Vnd dise zeit glaubt mir zugegn/
Doctor.
Kan sein/ die Vapores bewegn/
Den Schlaff/ noch eins ist wol zu sagn/
Wann euch der Wurm so thuet nagn/
Werd jhr dardurch nit waß bedöpt/
Daß jhr zürnet/ Händel anhebt/
Gantz vnnötig mit jederman/
Patient.
Herr dises ich nit Laugnen kan/
Vnd sonderlich wan ich hab trunckn/
Thuet mich in meinem Sinn gedunckn/
Ich sey vil mehr als ander leuth/
Gib niemand nach schon keiner zeit:
Schrey gölff/ Dantz spring/ schlag/ rauf
Blag breyß Weib/ Kindt/ Knecht Mägd/
zum Hauß nauß Schmeiß/
Welchs mich nit wenig kost daß Jahr/
Komb offt in Leib vnd Lebens gfahr/
Doctor.
Fürwar daß ist die rechte Art/
Es hat schon eingewurtzlet hart/
Bey euch der Wurm wie ich merck/
Mann mueß nur darzu brauchen sterck
Schwach mittel werden nicht ergebn.
Patient.
Herr/ meint jhr daß mir kost daß Lebn
Doctor.
Ach lieber Freund ja wol nein nein/
Gar vil noch ewers gleichen sein
Solten die Leuth von der seuch Sterbn/
Was wurd drauß folgen für verderbn/
Die Pest hett Tödt so vil niemal/
Als der Wurden seinander zahl/
Dann vnder al Handtwerck vnd Ständen/
Lassen sich etlich Würm findn/
Solche auß zutreiben den Leuth/
Weiß ich kein bessers mittel heut/
Als die Chur zu Sanct Kasptan/
Im Niderland solt mich verstahn/
Die wer gar nutz euch vnd ewers gleichn/
Im fahl jhr die nit mögt erraichn/
So trag ich sorg daß jhr der massn/
Euch dran werd müssen schneiden lassn/
Ihr find zu diser sachen schon/
Wundartzt die solches gern thun/
Doch müssens der Kunst sein bericht/
Der Wurm scheint euch auß dem gesicht/
Gedenckt verschirpt die Mittel nicht.
FINIS.

Augspurg bey David Mannasser Kupfferstecher auff dem Graben.

Abb. 108. Flugblatt auf das Erkennen des „Wurms" im Harn. Kpfr. von D. Manasser ca. 1625. München, Kupferstichkabinet.

Abb. 109. Anatomiesaal zu Leyden. Kpfr. von W. Swanenburg nach einer Zeichnung von J. C. Woudanus 1610. Nürnberg, Germanisches Museum.

als „Opus sine pari" bezeichnete, die Lehre von den drei Elementen auf, welche er die drei Erden nannte, nämlich: die verglasbare Erde, die merkurialische Erde oder das metallische Element, die entzündliche Erde oder das brennbare Element. Wenn Becher diese Stoffe auch als einfache Körper annahm, so kommt er über das Wesen des brennbaren Elementes doch nicht zur richtigen Klarheit. Diese verdanken wir erst dem Erklärer seiner Schriften, Georg Ernst Stahl, geboren zu Ansbach 1660, welcher 1734 in Berlin als Leibarzt des Königs von Preußen starb. Dieser verlieh der alten Lehre von dem in verbrennlichen Körpern angenommenen Brennstoff einen klaren Ausdruck. Er nannte denselben Phlogiston und verallgemeinerte die Wirkung desselben so weit, daß sich daraus eine ganze chemische Theorie bildete. Er lehrte, die Vereinigung des Phlogistons mit einem Körper mache denselben brennbar, sein Entweichen verursache die Verbrennungserscheinung, und nachdem es entwichen sei, bleibe eine Säure oder eine Erde zurück. Der Schwefel bestand nach dieser Theorie aus Schwefelsäure und Phlogiston. Ging die Phlogistonentwicklung aus einem Körper mit Heftigkeit vor sich, so entstand nach Stahl's Theorie die Feuererscheinung. Die Verkalkung der Metalle an der Luft wurde dagegen als eine langsame Phlogistonabgabe angesehen. Die Ähnlichkeit zwischen dem Oxydationsprozesse und der gewöhnlichen Verbrennung war also schon erkannt. Indessen, wo wir eine chemische Verbindung sehen, nahm Stahl einen einfachen Körper an und umgekehrt. Von Stahls Zeitgenossen wurde seine Verbrennungslehre allgemein angenommen. —

Im siebzehnten Jahrhundert endlich verschwand

die Scheu vor den Zergliederungen menschlicher Leichname, und es wurden nun allgemeiner anatomische Schulen an den deutschen Universitäten und von den ärztlichen Vereinen größerer Städte eingerichtet. Auf Veranlassung des Nürnberger Kollegiums der Ärzte hielt z. B. im Jahre 1625 der Arzt Gregorius Queccius in dem verlassenen Dominikanerkloster öffentliche Vorlesungen und Belehrungen an dem Leichnam eines Enthaupteten vor einer großen, ansehnlichen Versammlung aus allen Ständen mit großem Beifall.

Ein Bild bietet hierneben eine Darstellung des Anatomiesaales zu Leyden nach einem Kupferstiche vom Jahre 1610. Auf dem Tische in der Mitte des Raumes sieht man eine geöffnete Leiche, während auf der Brüstung, welche den Zuschauerraum abschließt, menschliche Gerippe und Knochengerüste von Tieren Aufstellung gefunden haben. Vorn ist mittelst zweier Skelette, welche links und rechts vor einem Baume stehen, der erste Sündenfall, durch den der Tod in die Welt gekommen ist, zur Darstellung gebracht. Eine weitere Abbildung zeigt den Anatomiesaal der Nürnberger Universität im Städtchen Altdorf.

Die Gelegenheit zu anatomischen Studien war auf den Universitäten jetzt also geboten. Wenn auch die Sektionen menschlicher Leichen noch immer eine Seltenheit waren und oft mehr Reklamezwecken in öffentlichen Schaustellungen als der stillen wissenschaftlichen Forschung dienten, so verbreitete sich doch zu dieser Zeit an den Hochschulen ein wissenschaftlicher Betrieb anatomischer Studien mehr und mehr. Besonders berühmt war in der ersten Hälfte desselben Jahr-

Abb. 110. Der Anatom M. Hoffmann hält in seinem anatomischen Theater zu Altdorf an einer Leiche Vortrag ca. 1650. Kpfr. von J. G. Puschner.

hunderts nach dieser Richtung hin die Universität Jena, wo Werner Rolfinck jeden Winter Sektionen veranstaltete.

Die wichtigste Entdeckung jedoch, welche im 17. Jahrhundert durch das Studium der Anatomie gemacht wurde, verdanken wir dem englischen Arzte William Harvey (1578—1658), der als Professor der Anatomie und Chirurgie in London thätig war und fünf Jahre in Padua bei Fabricius von Aquapendente Anatomie studiert hatte. Namentlich wurden für ihn des letzteren Vorträge über Venenklappen von Bedeutung. Durch den Ausbau dieser Lehren und weitere physiologische und anatomische Forschungen gelangte er zu der Entdeckung, „daß das Blut in den Tieren herumgetrieben werde in einer gewissen kreisartigen Weise." Wenn Harvey in dieser von ihm seit dem Jahre 1616 vorgetragenen, im Jahre 1628 veröffentlichten Lehre vom Blutumlauf auch in einigen weniger wichtigen Punkten irrte, so entsprechen die modernen Anschauungen von der Blutbewegung im Wesentlichen doch ganz seiner Darstellung. Durch dieselbe ward die alte mystisch dunkle Lehre des Galenos vom „Pneuma" und dem „Lebensgeist" völlig gestürzt. Es ist begreiflich, daß diejenigen medizinischen Kreise, welche es gewohnt waren, sich vor formelhaften Überlieferungen in ihren Anschauungen unbedingt zu beugen, sich nicht sofort von ihren alten Meinungen freimachen konnten. Da kein Prophet etwas in seinem Vaterlande gilt, so erwuchsen Harvey und seinen Forschungen zunächst besonders in seiner Heimat viele Gegner. Sein berühmtes Werk über die Bewegung des Herzens und des Blutes bei den Tieren wurde daher auch nicht in England, sondern zuerst in Frankfurt a. M. gedruckt. In Deutschland fand er einen sehr wichtigen Vertreter seiner Lehren in seinem vorhin genannten Zeitgenossen Werner Rolfinck.

Viel trug zur Vertiefung der anatomischen Untersuchungen die Benutzung des Mikroskops bei. Dasselbe wurde am Ende des 16. Jahrhunderts von den beiden Glasschleifern Hans und Zacharias Janssen in Middelburg in Holland erfunden.

Der bedeutendste Mikroskopiker des 17. Jahrhunderts, Leeuwenhoek, und sein Freund Regnier de Graaff studierten mit diesem Vergrößerungsglase die kaulquappenartigen Samentierchen und jene Bläschen, in denen die weiblichen Eier ent-

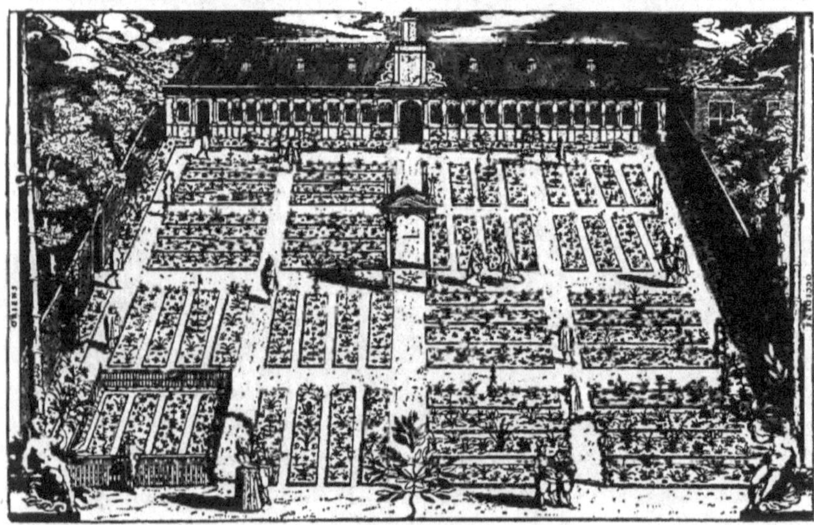

Abb. 112. Der botanische Garten in Leyden. Kpfr. nach J. C. Woudanus 1610. Nürnberg, Germ. Mus.

Abb. 112. Darstellung der medizinischen Anwendung des Guajakholzes gegen die Franzosenkrankheit. Kpfr. von Ph. Gallo nach Joh. Stradanus ca. 1570.

stehen. Hierdurch ward der dichte Vorhang, hinter dem sich die Mysterien der Liebe und der Zeugung verbergen, wenigstens etwas gelüftet.

Zur Verbreitung der Pflanzenkenntnis nützten sehr die seit Ende des sechzehnten Jahrhunderts auch in Deutschland von Ärzten, Apothekern und Akademien vielfach angelegten wissenschaftlichen Kräutergärten. Von den damaligen botanischen Gärten sind zu nennen die der Universitäten Leipzig, Breslau, Heidelberg, Gießen, Altdorf, Jena, Kiel, Helmstädt u. s. w. Die nebenstehende Abbildung zeigt den botanischen Garten zu Leyden nach einem Kupferstiche vom Jahre 1610, zu dem die Zeichnung J. C. Woudanus lieferte. Der Garten stand besonders 100 Jahre später, als der berühmte Professor Boerhaave die Oberleitung hatte, sehr in Ansehen. Dieser beschrieb auch die Pflanzen des Gartens im Jahre 1720.

Eine reiche Vermehrung der Pflanzenkunde und des Arzneischatzes trat im 16. und namentlich im 17. Jahrhundert durch die Zufuhr amerikanischer Pflanzendrogen ein. Zu den frühesten derselben gehört das Guajakholz, das schon im Jahre 1517 von dem kaiserlichen Leibarzt Poll in Augsburg gegen die Franzosenkrankheit in Anwendung gebracht wurde. Die ersten Beschreibungen amerikanischer Gewächse lieferte in einem botanischen Werke der Arzt Clusius, der im Jahre 1609 als Professor der Botanik in Leyden starb.

Im 17. Jahrhundert traten nun an Stelle der Holzschnitte allgemein die Kupferstiche, durch welche die Pflanzenabbildungen sehr an Klarheit und Deutlichkeit gewannen. Das erste botanische Werk, welches mit solchen erschien, ist das 1611 herausgegebene Florilegium des de Bry, das noch nicht zu rühmen ist. Sehr naturgetreu wiedergegeben sind indessen schon die Pflanzen auf den Kupfertafeln des im Jahre 1613 erschienenen Prachtwerkes „Hortus Eystettensis“, das der Nürnberger Apotheker Basilius Besler auf Veranlassung des Bischofs von Eichstätt herausgab.

Während im 16. Jahrhundert die ärztliche Wissenschaft noch hauptsächlich Wert auf das Studium der Schriften der griechischen Ärzte

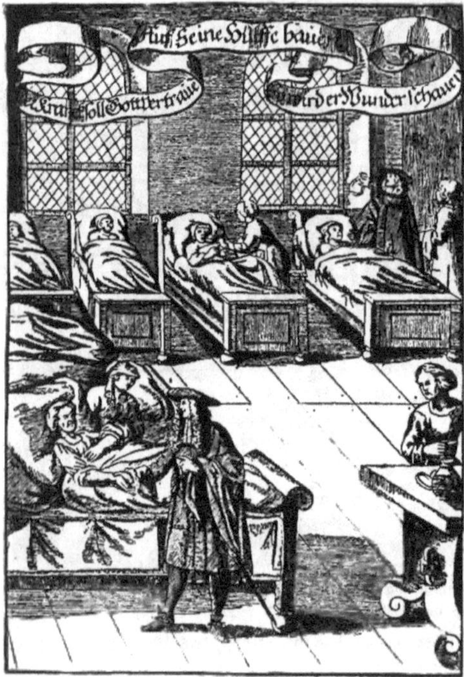

Abb. 113. Ärzte im Krankensaal. Kpfr. aus: J. Ch. Thiemen, Haus- Feld- Arzney- Koch- Kunst- und Wunderbuch. Nürnberg, A. Knorz, 1682.

legte und man einem selbständigen Forschen nur erst vereinzelt bei hervorragenden Geistern begegnet, breitete sich im 17. Jahrhundert statt des alten Autoritätsglaubens mit seiner reinen Büchergelehrsamkeit auf allen Gebieten der medizinischen Wissenschaft eine freiere Forschung aus. Sichtlich machte sich der Geist des in der ersten Hälfte desselben Jahrhunderts als pädagogischer Reformator auftretenden Johann Comenius auch unter den Ärzten bemerkbar. Als Ausgangspunkt für das Studium der Medizin trat beim Unterrichte mehr und mehr die Anschauung der wirklichen Welt in den Vordergrund.

Da zu dieser Zeit auf den Gymnasien nicht mehr wie früher hauptsächlich nur Gewicht auf das Studium der alten Sprachen gelegt, sondern auf denselben nun auch die „Realia", Mathematik, Geschichte, Geographie, Physik u. s. w. gelehrt wurden, so kamen die Jünglinge für das Studium der Medizin mehr vorbereitet auf die Hochschulen. Die besseren Einrichtungen der deutschen Universitäten hatten zur Folge, daß die Ärzte ihre Fachausbildung mehr auf diesen und weniger auf den Hochschulen des Auslandes suchten. Die Studienzeit dauerte drei bis vier Jahre. Indessen wurden die medizinischen Vorlesungen vorwiegend doch noch immer auf Grundlage der alten griechisch-römischen, teilweise sogar nach den arabischen Autoren in lateinischer Sprache gehalten.

Gemeiniglich wird Giovanni Battista Montanus als derjenige genannt, der schon 1543 die klinische Unterrichtsmethode zuerst angewendet hat. Nach den in Druck erschienenen Vorlesungen dieses Professors von Padua zu urteilen, ähnelte sein Unterricht am Krankenbette sehr dem heutigen. Nach vorausgegangener Vorstellung und Untersuchung der Leidenden und Feststellung der erforderlichen Behandlung wurde den Schülern diktiert und vorgetragen. Oft wurden außerdem bei diesem klinischen Unterricht über die betreffenden Krankheitsfälle noch Kolloquien mit anderen Professoren und berühmten Ärzten gehalten. Solche Demonstrationen am Krankenbette waren auf den deutschen Hochschulen im 17. Jahrhundert erst sehr wenig eingeführt. Nur an den niederländischen Universitäten war der klinische Unterricht in der zweiten Hälfte dieses Jahrhunderts gebräuchlich. Besonders Leyden that sich darin hervor. In Deutschland waren die jungen Ärzte zur Erlangung einer praktischen Ausbildung noch darauf angewiesen, Stellen bei ihren älteren Kollegen anzunehmen. In dem Werke „Wunderliche und Wahrhaftige Gesichte Philanders von Sittewald", welches zur Zeit des dreißigjährigen Krieges erschien, beschreibt der Verfasser Moscherosch in seiner Vision „Totenheer" die im

Geiste an ihm vorüberziehenden Ärzte, umgeben von einer großen Anzahl unwissender Schüler, und entwirft weiter von dem Auftreten derselben folgendes Bild: „Ich sahe viel Medicos oder Doctores Medicinae hin und her auf Maulthieren reiten mit schwarz duchinnen und sammeten Teppichen biß auff den Boden bekleydet: bald ritten sie langsam, bald geschwind wie der Wind, je nachdem der Mann war, der sie fordern liesse. Andere aber gingen zu Fuß, auch lieffen sie zuweillen, ja auß voriger Ursache und nach dem sie hofften, daß man sie belohnen würde. Umb die Augen waren sie runtzlicht und blintzelnd, welches ihnen das viele Harn besehen und Beckenreichen verursachte. Das Gesicht war ihnen mit einem großen Backenbart über- und umbwachsen und der Mund mit Haaren überzogen .... Ettliche unter ihnen hatten mächtige guldin Ringe an den Daumen stecken, darinn solche übergroße Steine gefasset waren, daß, wann sie den Kranken den Puls fühleten und ihm ein solcher Stein zu Gesicht kame, er anderst nicht meinen kundte, denn dieser sein Grabstein sein sollte."

Zum Abschluß des Studiums hatten sich die Mediziner einer dreifachen Prüfung zu unterziehen. Zunächst prüften die einzelnen Professoren in den von ihnen gelehrten Fächern allein, alsdann folgte ein öffentliches Examen vor der versammelten Fakultät. Wenn dieses glücklich bestanden war, mußte von dem Examinanden ein Vortrag gehalten werden. Bei der Erteilung der Doktorwürde war ein Eid zu leisten, und der junge Doktor erhielt alsdann als Zeichen seiner Würde, wie im Mittelalter, ein Barett und einen Ring verliehen. Daß letzterer oft mit großen Steinen verziert war, erzählte uns soeben schon Moscherosch.

Nach der fürstlich sächsischen Medizinalordnung, gedruckt zu Meiningen 1681, war verordnet, es solle „in Unserm Landen keinem die Praxis Medica gestattet werden, er habe sich denn zuvor auf einer Universität durch gewöhnliche Specimina und Gradus habilitiret, seiner Geschicklichkeit halber glaubwürdiges Zeugnis beygebracht oder aber von uns Specialconcession ausdrücklich deswegen erhalten." Nach der angeführten „Tax-Ordnung vor die bestellten Medicos" ward wegen der ärztlichen Bezahlung festgesetzt: „So in gemeinen und nicht ansteckenden Krankheiten ein Medicus zu einem Patienten in der Stadt zu gehen erfordert würde, vor den ersten Gang 4 Batzen", für jeden folgenden Gang 2 Batzen. (1 Batzen = 12 Pfennig.) Für ein Rezept 2 Groschen, „wenn der Medicus deswegen nicht absonderlich zu dem, der es verlanget, gehen oder reisen darf." „Für die Reisen auf das Land soll dem Medico, neben Zehrung und freyem Pferde, gebühren ein halber Thaler, oder,

Abb. 114. Arzt am Krankenbett. Ein Diener bringt eine Medizinflasche und eine Klystierspritze. Kpfr. aus: G. E. Stahl, Ars sanandi. Offenbach 1730.

Abb. 115. Inneres einer Frankfurter Apotheke im 17. Jahrhundert. Kpfr. aus: Reformation oder erneuerte Ordnung der h. Reichsstadt Frankfurt a. M., die Pflege der Gesundheit betreffend. Frankfurt, J. D. Jung, 1668.

judicium ein halber Thaler" u. s. w. Außer diesen Honoraren hatten die Ärzte dann auch ihre Besoldung, wie aus folgendem hervorgeht. „Gleich wie nun diese Tax-Ordnung diejenige Unsere Unterthanen allein angehet, welche entweder durch Steuern oder andere Anlagen die Medicos mit besolden helffen, also werden hergegen die von Adel, Beamte, Pfarrer, Schulmeister und andere, so eigentlich zu der Medicorum Besoldung nichts mit beitragen, noch ein mehrers und erklecklichers, als oben bey den andern, zu reichen sich nicht entbrechen .... Sonst ist da ihm Zehrung nicht gegeben wurde, 1 Thaler." „Vor Oeffnung eines Cadaveris humani, entweder auf Befehl der Obrigkeit oder Begehren der Freunde vorgenommen, soll gefallen Fünf Orthsthaler (Ort = ein Viertel). Oder wenn alle drey Cavitäten zu öffenen, 2 Thaler .... Vor eine gerichtliche Besichtigung eines Beschädigten oder Entleibten, da solche an dem Ort, wo der Medicus gesessen, geschiehet, darauf gegebenes schriftliches auch Reichen und Vermögenden, die der Medicorum angewandten Fleiß und Mühe mit mehrern erkennen wollen, ihre Liberalität dißfalls nicht gewehret." P. Abraham a Sancta Clara schreibt, daß „die Herren Medici allenthalben in grossem Wehrt und Ansehen sein, auch um ihren Fleiß und Hülff oft übermäßig bezahlt werden. Ludovicus der XI. diß Namens, König von Frankreich, gabe Cotterio, seinem Leib-

Medico alle Monate 10,000 Dukaten. Honorius, Römischer Papst, hat Petro Alponensi alle Tage, solang seine Krankheit gewähret, 400 Ducaten bezahlen lassen: auf solche Weis purgieren die Medici nicht allein die Leiber, sondern auch die Beutel." —

Die Apotheker nahmen im 17. Jahrhundert eine mittlere Stellung zwischen den Gelehrten, den Kaufleuten und den praktischen Künstlern ein, und man rechnete sie zum dritten Stande. Sehr viel Reichtum wurde bei den Apothekeneinrichtungen entfaltet, seit der Barockstyl die Vorherrschaft in der Kunst hatte. Eine Apotheke aus dieser Zeit vom Jahre 1668 zeigt die Abb. 115. Die hohen Regale dieser Einrichtung sind oben gegen die Stuckdecke der Officin hin mit einem Barockaufsatze, der wahrscheinlich vergoldet war, bekrönt. An der Rückwand befindet sich über dem Mittelregale der Frankfurter Adler. Die ganze Holzeinrichtung scheint mit einem Ölfarbenanstrich versehen gewesen zu sein; die Schubladen derselben zeigen eine Bemalung mit Blumen. Eine sehr wechselvolle Gestalt besitzen die Standgefäße der Apotheke. Der Fußboden ist mit zierlich gemusterten Platten belegt. Eine ähnliche Einrichtung, gleichfalls aus der zweiten Hälfte des 17. Jahrhunderts stammend, steht heute in der historischen Apotheke des Germanischen Museums.

In Nürnberg und auch in anderen Städten pflegten die ärztlichen Verordnungen nicht, wie jetzt üblich, auf losen Rezeptblättern niedergeschrieben zu werden, vielmehr war am Ende des 16. Jahrhunderts angeordnet und eingeführt, „das ein jeglicher Doctor in allen Apotheken durchaus sein besonders Buch zu haben pflegt, darinn er den Krankhen seine Rezept schreibet." Der Arzt schrieb also seine Verordnungen in der Apotheke selbst nieder. Im Germanischen Museum wird eine Anzahl solcher Rezeptbücher aufbewahrt. Aus einem solchen ist nachstehendes Rezept als Facsimile wiedergegeben. Dasselbe wurde von Doktor Herelius verordnet und würde mit Buchstaben geschrieben lauten:

„Recipe: Pulveris matris perlarum praeparati
Corallii rubri praeparati ana drachmam unam
Dentis hippopotami praeparati
Bezoartici jovialis
Nitri regenerati ana scrupulum unum
Specier. diatragacanthae Santali drachmam unam
Olei corticis citri guttas tres
Misce fiat pulvis, detur ad scatulam.
Signa: Temperierndes Zufall-Pulver, wöchentlich ein Paar mahl mit dem Melißenwaßer zu nehmen."

Von den 7 Bestandteilen des Rezepts: Perlmutter, Korallen, Flußpferdzähne, Metazinn- und Antimonsäure, aus Weinstein und Salpeter bereitetes Kaliumcarbonat, Tragant-Santalthee, Zitronenöl ist heute nur noch das letztere im Arzneischatz zu finden.

Im 17. Jahrhundert wurden die chemischen Arzneimittel immer beliebter, und die Chemie hielt daher überall in Deutschland ihren Einzug in die pharmazeutischen Laboratorien. Von da ab

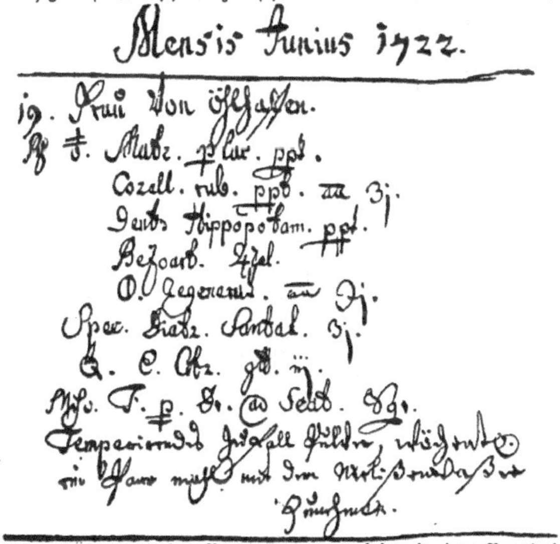

Abb. 116. Facsimile eines Rezepts von 1722 nach dem in einem Rezeptbuch des Germanischen Museums befindlichen Original.

Abb. 117. Zeugnis über Schlangenfleisch-Pastillen. Kpfr. von 1676. Nürnberg, Germanisches Museum.

mußte dieses auch mit Retorten, Alembiken oder Glashelmen, Kolben und anderen Glasgeräten ausgestattet werden. Die Verwilderung der Sitten, welche sich nach dem 30jährigen Kriege in den deutschen Landen allgemein bemerkbar machte, zeigte sich im Reiche Äskulaps in dem Überhandnehmen des medizinischen Kannibalismus und der häufigen Verwendung von Harn- und Kotarten als Heilmittel. Über letztere schrieb Paullini im Jahre 1687 seine „heilsame Dreckapotheke" und brachte dadurch Dreck von allen Gattungen als Heilmittel in Aufnahme. Die Arzneimittel, welche der menschliche Körper lieferte, beschrieb Becher im Jahre 1663 in einem Gedichte in seinem medizinischen Parnaß. Nach diesem standen von dem Ebenbilde Gottes 24 verschiedene Teile als wirksame Heilmittel in Ansehen. Durch ihre Zubereitung bekam das pharmazeutische Laboratorium im 17. Jahrhundert Ähnlichkeit mit der Küche der Kannibalen. Nur mit Grausen liest man die Vorschrift, welche Oswald Croll in der ersten Hälfte des 17. Jahrhunderts zur Bereitung der Mumienlatwerge giebt: „Man soll den todten Cörper eines rohen, gantzen, frischen und unmangelhaften 24jährigen Menschen, so entweder am Galgen erstickt oder mit dem Rad justiciert oder durch die Spieß gejagt worden, bei hellem Wetter, es sei Tag oder Nacht, dazu erwehlen ... in Stücke zerschneiden, mit pulverisierter Mumia und ein wenig Aloe bestreuen, nachmals einige Tage in einem gebrannten Wein einweichen, auffhenken, wiederumb ein wenig einbeitzen, endlich die Stück, in der Lufft aufgehänkt, lassen trucken werden, biß es die gestalt eines geräucherten Fleisches bekommt und allen Gestank verliert, und zeugt letzlichen die ganze

Abb. 118. Vipernfang. Holzschnitt aus: Matthiolus, discorsi. Venedig, Valgrisi, 1555.

weile man die in unserm Teutschland auß mangel der Viperschlange nicht machen kan, sollen Apotheker dieselben zu Venedig bestellen. Und weil auch darin ein großer betrug befunden wird, sollen sie gezeugniß der Medicorum daselbst, die zu der bereyttung derselben allwegen verordnet sind, ausbringen, damit man gewiß seye, daß sie recht, wie sich gebürt, bereitet worden sein."

Ein solches Zeugnis aus Padua, das die Güte und Echtheit von rothe Tinktur durch einen gebrannten Wein oder Wacholdergeist nach Art der Kunst herauß." Aus dieser Tinktur ward dann mit anderen Arzneistoffen eine höllische Latwerge bereitet, die vor der Pestilenz schützen und sie heilen sollte. Von den Arzneimischungen des klassischen Altertums bewahrten Mithridat und Theriak bis in unser Jahrhundert hinein ihr altes Ansehen. Die Vorschrift zur Mithridatlatwerge stammt schon vom König von Pontus, Mithridates Eupator. Der Theriak unterscheidet sich vom Mithridat hauptsächlich dadurch, daß erstere Latwerge einen Zusatz von Schlangenfleisch hat. Dieses wurde aus Italien eingeführt, da es von der in Deutschland nicht heimischen Redischen Viper kommen mußte. Das Fleisch derselben wurde mit Brot zu einer knetbaren Masse verarbeitet und aus dieser die Schlangenfleischzeltchen geformt, die zum Theriak als Zusatz genommen wurden. Die Wormser Apothekerordnung vom Jahre 1582 schreibt von denselben: „Die Pastilli de Viperis oder Trochisci de Tyro,

Abb. 119. Operation einer Warze. Kpfr. des 17. Jahrhunderts. Cassel, Landesbibliothek.

Vipernpastillen beglaubigt, zeigt die Abbildung auf S. 106. Noch bis ins vorige Jahrhundert hinein stellte man den Theriak unter öffentlicher Aufsicht her. Es erschienen in Nürnberg noch im Jahre 1690 bei der Theriakbereitung zwei Vertreter des Rates, der Dekan und die Senioren des Ärztekollegiums und die Apothekenvisitatoren. Diese prüften die Zuthaten des Theriaks, alsdann wurden dieselben gemischt, in Töpfe gefüllt und diese dann nach der Nürnberger Apothekerordnung mit dem Stadtsiegel verschlossen und so verkauft. Da der Arzt Andromachus das Theriakrezept in dichterischer Form abgefaßt hatte, so war es nach diesem Vorbilde nicht selten, daß für die Latwerge auch in Deutschland poetische Reklame gemacht ward. Als z. B. im Jahre 1683 die Hofapotheke zu Königsberg ihren frisch bereiteten Theriak der Welt zum Kauf anbot, unterstützte sie diese Bekanntgabe durch ein Gedicht, in dem es heißt:

„Der Menschen kranker Streit ist ein verstorben Leben,
In dem recht Leben heißt stets in Gesundheit schweben.
Drum, o Ihr Sterblichen, sucht solche Mittel her,
Daß diese Feinde zähm' und ihre List verwehr...
Allein Andromachus hat diese Hülf erdacht
Und so des Todes Gift zu Schand und Spott gemacht.
Hier wird nun zubereit des Lebens Freud und Ruhe
Und zwar so köstlich, als wenn's Venedig thue.
Drum hüte dich o Tod! und glaub das sicherlich:
Hier wohnt dein ärgster Feind, der ganz entwaffnet dich!"

Im siebzehnten Jahrhundert gab es auf den deutschen Universitäten zwar Professoren, welche über Chirurgie vortrugen, dieselben hatten indessen hierin selbst nur ein theoretisches Kennen und kein praktisches Können. Die Studierenden der Medizin hörten über Chirurgie, nicht um diese selbst auszuüben, sondern nur um bei der Beaufsichtigung der Barbiere und Hebammen weise reden und „Anweisung" geben zu können. Die Barbiere, welche noch immer fast allein die praktischen Vertreter der Wundheilkunst waren, wurden je nach den vorliegenden Fällen nicht schlecht bezahlt. Sie durften nach der Meininger Medizinalordnung vom Jahre 1681 berechnen:

„Von einem Armbruch mit einer Röhren zu heilen	3 Thaler.
Von einem Armbruch mit beyden Röhren	4 Thaler.
Von einem Beinbruch oberhalb dem Knie	6 bis 8 Thaler.
Von einem Schlitzbruch	6 bis 8 Thaler.
Von gemeinen Verrenkungen	1 bis 2 Thaler.
Von Verrenkung der Hüffte	6 Thaler.
Von einen Fontanell zu setzen oder in Fluß zu bringen	1 Thaler 12 Groschen.
Von einer gerichtlichen Besichtigung	6 Groschen.
Von einer Section eines menschlichen Körpers	16 Groschen."

Abb. 120. Angebliches Herausnehmen von Steinen aus dem Gehirn einer Frau. Kpfr. von H. Weydmans. 17. Jahrh. Le Blanc 2.

In einigen Fällen, bei der Behandlung vornehmer Patienten wurden erhöhte Preise berechnet, mit denen sich die Wundärzte nicht gerade in die Gunst der Menschheit einschmeichelten. P. Abraham a Sankta Clara sagt: „Gar viel aus den Wundärzten seind geldgierige Leute; wenn die Bauern mit Stuhlfüßen schertzen und einander beim Bier oder Wein mit vielen Löchern den Kopf schrepfen, da lachen diese von Hertzen, weil sie Gelegenheit finden, ihre Ziehpflaster zu applicieren, denn sie nichts lieber haben als Geld einziehen."

Für schwere Operationen wurden an manchen Orten bestimmte auswärtige Schneidärzte zu Diensten verpflichtet.

So heißt es in der Meininger Medizinal-ordnung vom Jahre 1681: „Demnach vor gut befunden ..... daß Unsere Unterthanen, so ... eines Oculisten, Stein- und Bruchschneiders bedörffen, nicht auff zufällige Gelegenheit warten dürffen, Michael Bremen, Oculisten und Chirurgum, zu Schmalkalden wohnhafft, dergestallt, biß auff andere Verordnung, Gnädigst zu privilegiren, daß niemand, ohne special-Erlaubniß in Unseren Landen als Er allein Macht haben soll, die Operationes im Staarwürcken, Bruch- und Steinschneiden zu treiben."

Übrigens standen in früheren Jahrhunderten von den fahrenden Bruch- und Steinschneidern besonders die aus Calabrien und aus der Stadt Norcia in hohem Ruf. Bei Brüchen nahmen diese nicht selten sehr gefährliche, weitgehende, die Entmannung bedingende Radikaloperationen vor. Sehr verbreitet waren die Blasensteine, die durch den Steinschnitt von herumziehenden Steinschneidern zu Tage gefördert wurden. Die Größe derselben ist nach den überlieferten Abbildungen oft so bedeutend, daß sie einen schwindelhaften Eindruck machen und vermuten lassen, daß es mit diesen Steinen eine ähnliche Bewandnis hat, wie mit jenen, welche eine gewisse Sorte marktschreierischer Steinschneider durch eine Kopfoperation aus dem Schädel Geisteskranker hervorholte. Es war der Glaube verbreitet, manche Geistesstörungen entständen dadurch, daß fremde Körper, wie etwa ein Stein, eine Spinne, Nester von Ohrwürmern, in das Gehirn eingedrungen seien. Diesen Glauben machten sich in früheren Jahrhunderten Charlatane zu nutz und vollzogen scheinbar bei Irren auf öffentlichen Plätzen gefährliche Kopfoperationen. Sie machten einen schwachen Schnitt um den Kopf und zogen mittelst eines Taschenspielerkunststückchens mit einer Zange den bösen Stein oder einen Ohrwurm, eine Spinne, oder ein Getreidekorn aus dem Schädel des Kranken hervor. Der seelisch Kranke fühlte sich beruhigt. Wie bei den Exorzismen trat durch die Einbildung oder vielleicht auch durch den Blutverlust zuweilen eine Heilung der Geisteskrankheit ein. Namentlich die Niederländischen Maler aus der Zeit um 1600 haben diese Art von Steinschneidern oft zur Darstellung gebracht.

Abb. 121. Darstellung eines aus einer Harnblase geschnittenen Steines. Kpfr. 1646. Nürnberg, Germanisches Museum.

Wie gering das Ansehen der Zahnärzte im 17. Jahrhundert war, zeigt die Beschreibung, welche P. Abraham a Sancta Clara von denselben giebt: Man finde „unter diesen Leuten etliche liederliche und nichtsnutzige Gesellen, die sich auf das Lügen und Betrügen stattlich verstehen, absonderlich viel aus denselben, so auf allen Märkten und Kirch-Weihen ihre Stände aufschlagen und mit etlichen Brettern eine Universität aufrichten, allwo sie den Bauern und gemeinen Leuten mit ihrem grundlosen Predigen das Geld aus dem Beutel locken; da wird man zuweilen hören, mit was gewichtigen Lügen sie ihre Wahren hervorstreichen. Einer ziehet etliche Wurzeln heraus und betheuert es hoch, daß er solche selbsten dreizehn Meilen hinter Syrakus habe an dem Meer-Gestat ausgraben, und diese sind gut für das verfallne Gehör, wodurch sie gar offt auch ausgeben, wie daß die Könige in Paphlagonien pflegen solche an den Ohren zu tragen und ein solches scharffes Gehör bekommen, daß sie ein altes Weib über dreißig Meilen husten hören, ey so lügt! .... Mit dergleichen wurmstichigem Predigen betrügen sie sehr viel einfältige Leute; es sollen aber dieses Glichters Zähn-Ärzte gleichwohl gedencken, daß das Heulen und Zähn-Klappern ihnen nicht wird ausbleiben."

Abb. 122. Inneres einer Barbierstube. Kpfr. von de Bry ca. 1600. Koburg, Kupferstichkabinet.

In seinem „Huy und Pfuy der Welt" eifert derselbe Gewährsmann, der diese Schilderung macht, auch gegen die abergläubischen Heilkuren seiner Zeit:

„Es finden sich gleichwol viele Leute, welche durch unzulässige Mittel ihnen wollen die Krankheiten wenden, und solche brauchen meistens die Marktschreyer, Landfahrer, Ziggeuner und alte Weiber, sogar auch die Henker, dero Arzeney und Cur in nichts anderst bestehet, als in gewissen Aberglauben und Teuffels-Künsten. Dergleichen Höllen-Geschmeiß thut absonderlich die einfältige Leut hinter das Licht führen, welche sich bethören lassen, daß dergleichen Mittel darum nicht zu verwerffen sind, um weilen heilige Sachn darzu gebraucht werden. Bekannt ist jene Geschicht, wie ein altes Weib einen Studenten ersucht, er möcht ihr doch helffen von stetem Augen-Wehe, sie wolle sich dankbar einstellen, der Student schrieb etliche wenige Wort auf ein Papier und nähet solches in Leder ein, mit dem Befelch, sie soll es stäts am Hals tragen: das alte Mütterle folgte solchem Rath, hatte auch einen kräfftigen Glauben darauf, und siehe, es wurde ihr geholffen. Nach zweien Jahren wollte sie aus Vorwitz wissen, was doch in diesem Täschel möchte verschlossen sein; nachdem sie nun solches eröffnet, da fande sie diese Worte geschrieben: der Teuffel steche dir die Augen aus und fülle die Löcher mit Koth an! ... Wider dergleichen verdammliche Mittel, als da seind die Ansprechungen alter Weiber, Recept, Nägel von Todten-Truhen, Eisen von Galgen-Ketten und anderer Sachen mehr, hat mein H. Vater Augustinus .... viel geschrieben und die unbehutsame Adamskinder von solcher Thorheit abzustehen ermahnt."

In der Zeit des Aufblühens der Jatrochemie behaupteten manche Wunderdoktoren, daß sie Würmer und andere Körper, welche nach der damaligen Annahme Störungen und Verwirrungen im Gehirn veranlaßten, durch Destillation aus den Köpfen entfernen könnten. —

Im 17. Jahrhundert hatten sich die von den Hebammen ausgebildeten Schülerinnen in den

Doctor Wurmbrandt.

Ihr krancken Männer vnd ihr Frauen/
Wolt ihr euch einem Artzt vertrauen/
So traut euch mir/ ich bin der recht/
Hail baydes Man- vñ Weibsgeschlächt.
Zeigt nur den Harn/ ich wil bald sehen/
Was euch im Leib vnd Hirn geschehen/
Daß ihr euch so Faßnächtisch stellt/
Vnd zu der Narren Zunfft gesellt.
Ich bin ein Maister dieser sachen/
Kan Tum̃- vnd Tolle witzig machen:
Erkenn bald an dem Angesicht/
Was einem innerlich gebricht/
Vnd muthmaß leichtlich auß Gebärden/
Was ferner auß euch möchte werden.
Habt ihr vor würmen keine ruh/
Laufft mir (dem Doctor Wurmbrand) zu:
Ich schneid den Wurm/ hail artig wider
Das wurmig Hirn vnd alle Glieder.
Kriegt einer Mäuß/ hebt händel an/
Die niemand wol erdulden kan/
So fang ich sie/ vm wenig batzen,
In meinem ärmel hab ich Katzen/
Die seyn so voll geschwinder List/
Daß keine Ratt auch sicher ist.
Hast du zuviel der Haupts-dachts-sparren/
So gibt es Spitz- vnd doppel-Narren;
Ist dann ein Sparr zu wenig da/
So wird der Stocknarr dich gar nah

In einem blöden Häppel machen/
Daß Kinder deiner möchten lachen/
Baides Wind vnd Regen trüngen ein/
Die auß der massen schädlich seyn.
Verlierst du Zwickel auß der Hauben/
So fliegen Grillen/ Mucken/ Dauben/
Vnd Schnacken allzeit ein vnd auß/
Da wird dein Kopff ihr aignes Hauß.
Wann die so hin vnd wider fliegen/
Kanst du wol einen Schifer kriegen/
Als werst du (weiß nicht wie) verlätzt/
Vnd fast in Tobes-gefahr gesätzt.
Schau/ alles das kan ich benemmen/
Das Schwindelhirn/ den Schwärmgaist hämen/
Wann er schon auch von Wein entzündt/
Als wie ein Kolhauff klümt vnd brinnt;
Vnd wan du gantz Bierschöllig worden/
Weyst nichts vmb Ost/ West/ Sud/ vnd Norden/
Ja wan dir nimmer wissend ist/
Ob du Bub oder Mägdlein bist/
So traw ich dich zu recht zu bringen/
Wann aines nur von üblen dingen
Nicht vberhand gewinnt/ vnd schafft/
Daß mein Artzneyen ohne Krafft
Vnd rechte Würckung ab muß gehen:
Wann nämlich du nicht wilst gestehen/
Willst nicht erkennen/ wer du bist/
Vnd was für Narrheit in dir ist/

Ertaigst dich prächtig auffgeblasen/
Wähnst/ daß mehr Witz in deiner Nasen
Als in zwölff weisen Köpffen sey.
O weh/ da nutzt kein Artzeney!
Soll dich mein Artzeney erlaben/
So must du glauben daran haben/
Der Glaub bestättigt alle ding/
Ohn ihn ist Kunst vnd hülff gering.
Doch komm/ wir wollen es versuchen/
In meiner Alchimisten-Kuchen/
Da ich den Brennhelm auffgericht/
Kom̃/ biet den Kopff/ vnd förcht dich nicht
Wir werden gar in kurtzem sehen/
Die Dünst in vollem schwang auffgehen
Mit tausendfachen Narrenswerck/
Daß ich gar wohl in dir vermärck/
O ho: sie kommen schon gestiegen.
Ey/ was für Bremen/ was für Fliegen/
Was vnraths steckt in deinem Kopff/
Du Hasen-mässig- wüster Tropff!
Du machst mir wahrlich mehr zu schaffen/
Als fast ein gantzer Wald voll Affen.
Mach ich dich dieser Kranckheit frey/
So sag wol/ daß ich Maister sey.

Gedruckt/ Im Jahr 1648.

Abb. 123. Darstellung eines Brennofens, vermittelst dessen ein Wunderdoktor einem Narren seine Grillen aus dem Kopf destilliert. Verhöhnung der chemiatrischen Schule. Flugblatt 1648. Nürnberg, Germ. Museum.

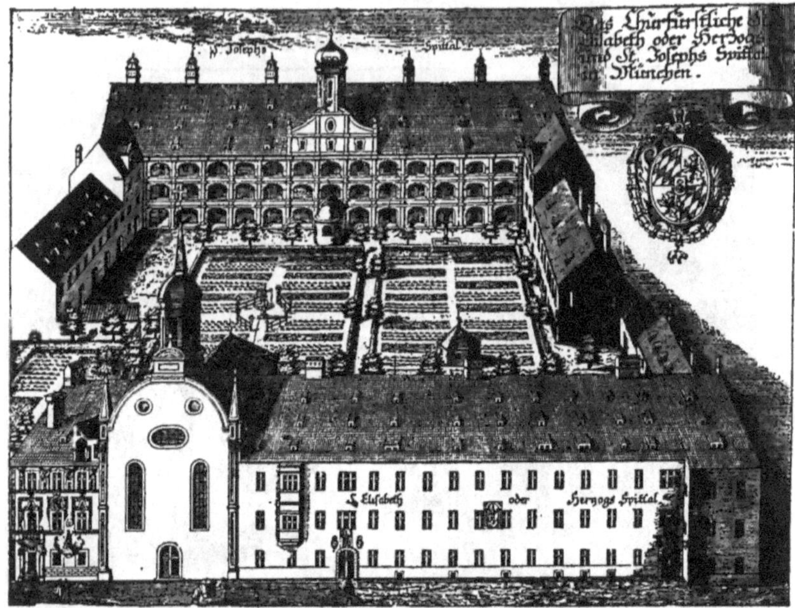

Abb. 124. Das St. Elisabeth- und St. Josephshospital in München. Kpfr. aus dem 17. Jahrhundert. München, Maillinger.

meisten deutschen Gebieten einer Prüfung durch Ärzte zu unterwerfen. Die Meininger Medizinalordnung vom Jahre 1681 schreibt: Die Hebammen „sollen zuvor ihres Christenthums, Leben und Wandels von einem Geistlichen des Orths erforschet, ihre Wissenschaft von einem Medico in nöthigen Stücken erkundiget" werden. Nach § 6 derselben Ordnung „sollen sie zu ihrem Unterricht nützliche Bücher, als da sind D. Welschens und D. Sommers Hebammen-Bücher, Völckers Hebammen Schul, Mauriceau Hülffleistung der kreysenden Frauen zc. fleißig lesen."

Im 17. Jahrhundert war eine ganze Anzahl von Hebammen schriftstellerisch thätig. In Deutschland veröffentlichte Justine Siegemund, welche als Hebamme in Liegnitz fungierte und nachher vom großen Kurfürsten nach Berlin berufen wurde, im Jahre 1690 nach dreißigjähriger Thätigkeit ihre „Churbrandenburgische Hoff-Wehmutter". Im Jahre 1700 erschien auch ein Hebammenbuch von Anna Elisabeth Horenburg, das indessen nicht so bekannt wurde wie das zuerst erwähnte.

Von den im 17. Jahrhundert zahlreich erschienenen Arzneibüchern für die Hausapotheke des Laien legen viele von dem Wirken der Frauen in der Heilkunde Zeugnis ab. So gab Eleonore Herzogin von Troppau und Jägerndorf im Jahre 1600 „VI Bücher auserlesener Arzeneien für alle des menschlichen Leibes Gebrechen und Krankheiten" heraus. Dieses Werk wurde durch zwei Jahrhunderte wiederholt gedruckt. In dem „Stadt- und Land-Artzney-Buch von Carl de Gogler, das 1678 zu Frankfurt verlegt wurde, findet sich eine ganze Anzahl Arzneimischungen, welche von Frauen herrühren. Als Beispiel sei genannt „ein Säcklein für Wehetag des Haupts von Frau Elisabeth, Gräfin von Schwartzenberg", weiter „vor die hinfallende Krankheit oder schwere Noth" ein Pulver „der alten Churfürstin von Weimar" und „ein anderes von der gefangenen Hertzogin von Oesterreich". Ferner finden sich in diesem

Buche noch Rezepte von „Frau von Heßberg", „von der Alten von Katzleben zu Grüningen", „von der Hertzogin von Rochlitz" und anderen. Wie man aus diesen Namen sieht, lag die Pflege der Gesundheit vormals gar oft in den sanften Händen vornehmer Frauen. —

Wie in den großen Städten seit dem Ende des 16. Jahrhunderts die ärztlichen Kollegien das Amt der höchsten Medizinalbehörde ausübten, so bestand auch nach der preußischen Medizinalordnung von 1725 in Preußen eine solche, welche unter dem Vorsitze eines Juristen stand und aus Ärzten, Apothekern und Chirurgen zusammengesetzt war. Die Mitglieder erhielten kein festes Gehalt, sondern nur Tagegelder.

In den großen Städten waren Physikatsärzte angestellt, welche die amtliche Revision der Apotheken, die Prüfung der Chirurgen und Hebammen, die Aufsicht über die Ärzte und sonstige amtliche Medizinalgeschäfte für Verwaltung und Gericht zu besorgen hatten. Sie bezogen einen Gehalt von 600 bis 1200 Mark und erhielten außerdem für manche Arbeiten noch Gebühren.

Sichtlich war man im Zeitalter der Perücke von dem Ausspruche des Mephistopheles sehr überzeugt:

„Ein Titel muß sie erst vertraulich machen,
Daß Eure Kunst viel Künste übersteigt."

Mehr noch als heute trifft man damals unter dem ärztlichen Personal Hof- und Leibärzte, Hofräte, Leib- und Generalchirurgen, Hofapotheker, Hofoculisten, Hof-Wehemütter u. s. w. Als Zeichen seiner Würde trug der Arzt den langen Doktorstock mit auf seine Praxis.

In der ersten Hälfte des 18. Jahrhunderts, in dem sog. Zeitalter der Aufklärung, war die Fachausbildung der Ärzte auf den Hochschulen nicht wesentlich anders als im siebzehnten Jahrhundert. Die medizinischen Fakultäten der deutschen Universitäten wurden meist immer noch mit nur zwei bis drei Professoren besetzt. Diese hatten deswegen die verschiedensten Dinge zu lehren. Durch solche umfassende Lehrthätigkeit waren viele derselben so sehr in Anspruch genommen, daß ihnen wenig Zeit zu wissenschaftlichen Forschungen verblieb.

Zur Aufnahme auf die Universitäten mußten sich die Studierenden in jener Zeit entweder einer kleinen Prüfung zum Nachweis genügender Vorbildung unterziehen oder sie hatten sich durch ein Abgangszeugnis von einer Latein-

Abb. 125. Krankenhaus in Amsterdam. Kpfr. aus dem 17. Jahrhundert. München, Kupferstichkabinet.

schule über ihre Kenntnisse auszuweisen. Die Unterrichtspläne dieser Schulen waren indessen sehr wechselnd. Die lateinische Sprache, in der noch im ganzen 18. Jahrhundert die Wissenschaften auf den Hochschulen gelehrt wurden, stand im Vordergrunde des Unterrichts. In dieser Periode wurden viele Gymnasien mit staatlich festgesetzten Lehrplänen gegründet und im Jahre 1788 in Preußen die Maturitätsprüfung eingeführt. Die Studierenden kamen dadurch etwas älter zur Universität, als es in früheren Zeiten der Fall war. Am Ende des 18. Jahrhunderts mehrten sich infolge besserer Besoldungen auch die medizinischen Universitätslehrer. Um als Privatdozent zu lehren, genügte jetzt das Doktorexamen nicht mehr, sondern es ward schon damals die Zulassung von einer besonderen fachwissenschaftlichen Abhandlung und einer Disputation abhängig gemacht.

Seit der Mitte des achtzehnten Jahrhunderts wurden zuerst in Heidelberg und Wien, bald auch an den anderen deutschen Universitäten die Studierenden in klinischen Anstalten unterrichtet, um die Krankheiten durch eigene Anschauung kennen zu lernen. Hierdurch ward die Verbesserung und Neugründung von Krankenhäusern angebahnt. Bisher waren ferner die anatomischen Studien sehr durch das Fehlen des nötigen Leichenmaterials erschwert. Die Leichen waren fast nur durch Gräberschändung und Diebstahl zu erlangen. Während man früher die Körper Hingerichteter der Anatomie zuwies, wurden jetzt nach vielen Landesgesetzen die Leichen unehelicher Kinder, gemeiner Soldaten, Armer, welche in Hospitälern verstorben waren, zu Anatomiestudien abgeliefert. Auf diese Weise war es möglich, die bisher vernachlässigten Gebiete der Anatomie gründlicher zu durchforschen.

Abb. 126. Salbeipflanze. Kpfr. aus: M. B. Valentin, Kräuterbuch. Frankfurt, Heinscheid, 1719.

Erwähnt sei noch, daß sich in dieser Zeit die Pflanzenabbildungen in den botanischen Werken noch immer mehr vervollkommneten. Die obenstehende Abbildung, welche die Salbeipflanze darstellt, ist dem im Jahre 1719 gedruckten Kräuterbuche des Gießener Professors Valentin entnommen. Wie man an dem Bilde sieht, legte man damals bei den Pflanzenabbildungen auch einen gewissen Wert auf das verzierende Beiwerk, ganz entsprechend dem dekorativen Charakter der Zeit.

Abb. 127. Inneres des Pesthospitals zu Wien 1679. Gleichzeitiges Kpfr. Wien, Historisches Museum.

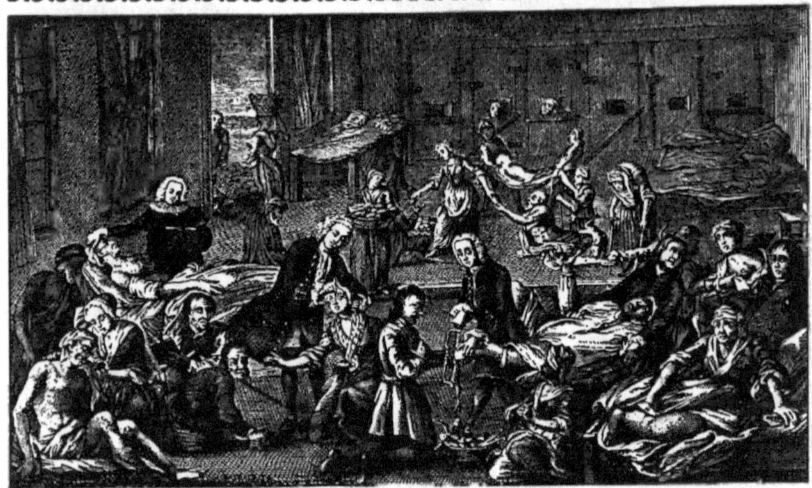

Abb. 128. Pesthospital zu Hamburg 1758. Kpfr. von C. Fritzsch. Hamburg, Kunstgewerbemuseum.

Durch sein im Jahre 1735 veröffentlichtes Pflanzensystem und durch seine Neuordnung der Pflanzenbenennungen schuf der schwedische Arzt Carl von Linné eine klar verständliche Grundlage für das Erkennen der Gewächse. Die allgemeine Botanik ward aber in früheren Jahrhunderten noch wenig gepflegt. Durch das Übergewicht, das die Systematik hatte, wurde die ganze Pflanzenkunde zu einem langweiligen Namenregister. Auf die früheren Botaniker paßt daher mehr als heute das Dichterwort:

> „Statt Natur ins Herz zu fassen,
> Dankbarlich, gerührt und warm,
> Teilten sie ihr Reich in Klassen,
> Schulgerecht, daß Gott erbarm." —

Die Harnschau, welche in der Heilkunst in empirischer Weise immer noch etwas ausgeübt wurde, kam durch das Aufblühen der chemischen Wissenschaft auf eine feste Grundlage. Am Ende des 18. Jahrhunderts entdeckte der in Stralsund geborene schwedische Apotheker Scheele die Harnsäure und bald darauf der Engländer Cruikshank den Harnstoff. Im Jahre 1797 veröffentlichte dieser eine exakte Arbeit über das Verhalten des Harns bei verschiedenen Krankheiten, auf der sich dann allmählich unsere moderne, auf chemischer Grundlage fußende Uroskopie aufbaute.

Im letzten Viertel des vorigen Jahrhunderts machte der Pariser Chemiker Lavoisier Entdeckungen, welche die alten chemischen Anschauungen völlig umstießen. Er erkannte: die Verbrennung ist keine Zersetzung, sondern eine Verbindung, welche dadurch vor sich geht, daß der Sauerstoff der Luft sich mit dem brennbaren Körper verbindet. Dieser gewinnt bei der Verbrennung so viel an Gewicht, als der hinzugetretene Sauerstoff wiegt. Ein Phlogiston giebt es nicht. Das waren die hauptsächlichsten Grundlagen, auf welche Lavoisier seine neue im Jahre 1783 veröffentlichte antiphlogistische Lehre stützte, die zu unseren heutigen chemischen Anschauungen führte.

Dies neue System fand in Deutschland nicht sofort Aufnahme. In den einheimischen chemischen und pharmazeutisch-medizinischen Zeitschriften des Jahres 1792 machen sich fast nur Stimmen bemerkbar, welche gegen die Theorie Lavoisier's sprechen. So klagt der Apotheker Bergkommissar Westrumb in Hameln, der durch seine Verdienste um die Chemie bekannt ist, in Crell's chemischen Annalen vom Jahre 1792: „O der Eile, mit der deutsche Männer des Auslands Kunstwerke als unverbesserlich annehmen, nachahmen und darob vergessen, die zwar gothischen, aber dauerhaften Werke ihrer Ahnen zu studieren! Der gute Stahl hatte zwar kein unermeßliches Laboratorium, schrieb nicht zierlich, nicht empfindend, behandelte ernsthafte Wissenschaften ernsthaft: aber er schrieb dafür männlich, kräftig und sagte mit wenigen Worten viel, jetzt giebts oft in viel Worten wenig." Dieser Schmerzensschrei war gegen den Arzt Dr. Chr. Girtanner in Göttingen gerichtet, welcher als erstes deutsches chemisches Werk neuerer Richtung im September 1791 seine „Anfangsgründe der antiphlogistischen Chemie" herausgab. In der Vorrede seines Buches bezeichnet er diese neue Lehre noch als Theorie, „welche die größten deutschen Chemiker zu Gegnern hat." Im Vorworte zur zweiten Auflage im Jahre 1795 schreibt er indessen: „Der Zustand der Chemie hat sich in Deutschland seit der Zeit, da die erste Auflage dieses Buches erschien (1791), sehr verändert. Damals hatte das antiphlogistische System außer H. Hermbstädt in Berlin und H. Mayer in Erlangen nicht einen einzigen öffentlichen Vertheidiger; jetzt sind beinahe alle berühmten deutschen Chemiker von den Hauptsätzen dieses Systems überzeugt." —

Die medizinische Wissenschaft des 18. Jahrhunderts gefiel sich sehr im Aufstellen von neuen Theorien und Systemen über die Lebenserscheinungen und die Krankheiten. Als Hauptrepräsentanten solcher ziemlich fruchtlosen Neigungen sind aus dem Anfange des Jahrhunderts Georg Ernst Stahl aus Ansbach und Friedrich Hoffmann aus Halle, aus der zweiten Hälfte Albrecht von Haller und der Engländer John Brown zu nennen.

Der berühmteste Arzt des vorigen Jahrhunderts war der Leydener Professor Boerhaave. Er wird nicht nur als ein großer Gelehrter und vorzüglicher Lehrer, sondern auch als ein vielseitig gebildeter, liebenswürdiger Mensch geschildert. Seine Vorlesungen übten auf die Studierenden der Medizin aller Länder eine solche Zugkraft aus, daß durch ihn die Universität Leyden die bedeutendste Stätte zur Erlernung ärztlichen Wissens wurde. Ein eigentliches System wurde von ihm nicht aufgestellt, sondern er wählte sich das Gute aus den früheren Lehren heraus und nahm eine vermittelnde Stellung ein. Er hatte einen solchen Weltruf, daß ein Schreiben aus China mit der Adresse: An Herrn Boerhaave, Arzt in Europa, richtig in seine Hände gelangte. Die umstehende Abbildung zeigt die genaue Nachbildung einer Stammbuchinschrift von seiner Hand. Diese lautet verdeutscht: „Das Einfache ist das Siegel der Wahrheit. Unter diesem seinem Wahrspruch, mit dem

Abb. 129. Porträt des Hermann Boerhaave (1668—1709). Gleichzeitiges Kpfr. Nürnberg, Germ. Museum.

Wunsche eines vollkommnen Glückes, bittet den sehr gelehrten Besitzer dieses Buches, sich seiner zu erinnern Hermann Boerhaave, Doktor der Philosophie und Medizin, auch dieser und der Botanik Professor. Leyden 25. 8. 1710." Boerhaave war ein arger Zweifler, der von der Kunst seiner eigenen Fachgenossen keine große Meinung hatte. Er sagt: „Wenn man das Gute, welches ein halb Dutzend wahre Söhne des Äskulap seit der Entstehung der Kunst auf der Erde gestiftet haben, mit dem Übel vergleicht, welches die unermeßliche Menge von Doktoren dieses Gewerbes unter dem Menschengeschlechte angerichtet hat, so wird man ohne Zweifel denken, daß es weit vorteilhafter wäre, wenn es nie Ärzte in der Welt gegeben hätte."

Wenn die Mediziner der damaligen Zeit nach vierjährigem Studium die Doktorwürde erlangten, so hatten sie damit noch nicht das Recht unbedingter Niederlassungsfreiheit erworben, sondern in den meisten deutschen Staaten bedurften sie zur Ausübung ihrer Kunst einer behördlichen Erlaubnis. Hierdurch waren die Ärzte gleichmäßiger und der Bevölkerungszahl entsprechender im Lande verteilt. Im Allgemeinen hatten demzufolge die damaligen Ärzte ein sehr gesichertes Einkommen, und manche erwarben sich ein großes Vermögen. Obgleich Professor Boerhaave ein armer Pfarrerssohn war, hinterließ er bei seinem Tode ein durch seine ärztliche Praxis verdientes Vermögen von zwei Millionen Gulden. Jahreseinkommen von 4000 bis 6000 Mark waren für die Ärzte das gewöhnliche. Der Berliner Arzt Dr. Heim verdiente am Ende des vorigen Jahrhunderts jährlich etwa 26 bis 36 000 Mark. Da der Geldwert damals etwa dreimal höher als der jetzige war, so wurde die ärztliche Kunst also im Durchschnitt besser bezahlt als heute.

In der Frankfurter Medizinalordnung vom Jahre 1710 ist wegen „der Belohnung der Medicorum" festgesetzt: „Sollen für gewöhnliche Raths-Fragen und Rezepten ... vier Albus verfallen sein. (=32 Pfenning). Für den ersten Gang zu einem Bürger und dessen Angehörigen in gemeinen Schwachheiten soll dem Medico ein halber Gulden gebühren und für jeden folgenden Gang, soviel deren auff Begehren des Kranken oder seiner Freunde beschehen, ein Ort eines Gulden" (= ein Viertel Gulden = 43 Pfenning). Für nächtliche Besuche und bei Behandlung von

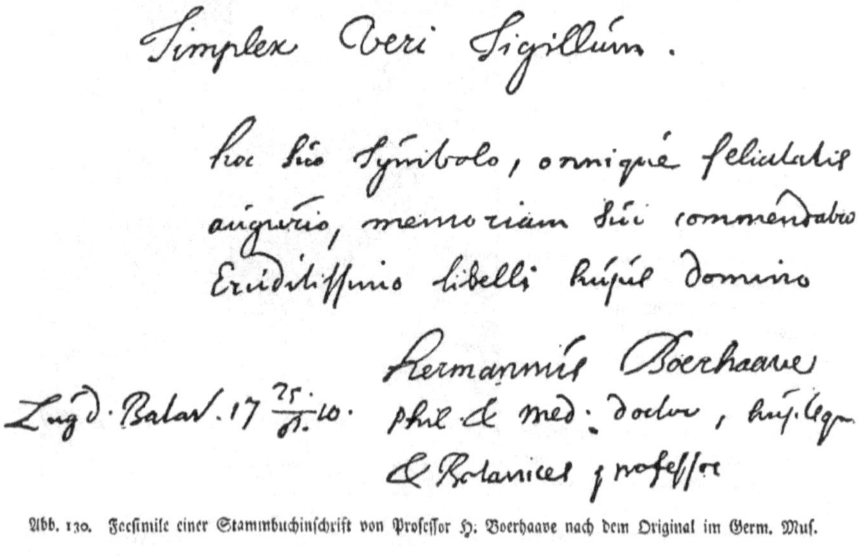

Simplex Veri Sigillum.

hoc suo Symbolo, omnique felicitatis augurio, memoriam sui commendabo Eruditissimo libelli hujus domino

Lugd. Batav. 17 25/8 10. Hermannus Boerhaave phil. & med. doctor, huj. [illegible] & Botanices professor

Abb. 130. Facsimile einer Stammbuchinschrift von Professor H. Boerhaave nach dem Original im Germ. Mus.

Abb. 131. Ärztliches Zimmer des Quacksalbers Michel Schuppach 1774. Kpfr. von B. Hübner nach G. Locher. Nürnberg, Germanisches Museum.

ansteckenden Krankheiten war die doppelte Taxe zulässig u. s. w. „Jedoch, da etwa wohlhabende Personen ... für sich selbst ein mehrers präsentiren würden: Soll hiemit niemanden sein guter Will und Liberalität gesperret sein." —

Ein Ereignis in der Geschichte der Heilkunst dieser Zeit war die Einführung der Schutzimpfung gegen die Blatternkrankheit, welche seit dem 6. Jahrhundert in Europa nachweisbar bei ihrem Auftreten große Verheerungen anrichtete. Die Impfung dagegen in der abendländischen Medizin angebahnt zu haben, ist das Verdienst der Lady Wortley Montague. Diese englische Dame lebte in den Jahren 1716 bis 1719 mit ihrem Gemahl, der britischer Gesandter war, in Konstantinopel. Hier lernte sie die bei den Indern und Orientalen schon seit alten Zeiten gebräuchliche Schutzimpfung von Menschenblattern gegen die Pockenkrankheit kennen. Nachdem sie sich in ihrer eigenen Familie von dem guten Erfolge dieses Schutzmittels überzeugt hatte, verschaffte sie demselben bei ihrer Rückkehr in die Heimat auch in England Eingang. Besonders leicht wurde ihr dies durch ihre Verbindung mit den höchsten Gesellschaftskreisen. Es gelang ihr dadurch sogar, daß die Kinder am königlichen Hofe einer solchen Schutzimpfung unterzogen wurden. Alsdann wurde diese „Inoculation" von Menschenblattern auch in Deutschland, Frankreich und Amerika angewandt. So meldet eine Erinnerungsmedaille die Blatternimpfung, vollzogen an den Enkeln der Kaiserin Maria Theresia am 29. September 1768, eine ähnliche Medaille auf Inoculation wurde in Schweden 1756 geschlagen. In Deutschland traten für die Impfung besonders ein die Hannoverschen Ärzte Hugo und Werlhof. Die Einimpfung der menschlichen Blatternlymphe scheint indeß sehr gefährlich gewesen zu sein. Die Generalin von Riedesel, die Gemahlin des Führers der Braunschweigischen Söldner, welche in den Jahren 1783—84 den amerikanischen Freiheitskrieg auf Seite der Engländer mitmachten, erlebte in New York eine Blatternepidemie. Sie schreibt in ihren Briefen, ihr Kind wäre beinahe durch die Inoculation gestorben. „Gottlob aber, es ging alles gut. Einem Lord, der es uns nachmachen wollte, gelang es nicht, sondern er war so unglücklich, sein Kind zu verlieren."

Abb. 132. Schutzpockenimpfung. Kpfr. von D. Chodowiecki (1726—1801). Berlin, Kupferstichkabinet.

Da eine große Anzahl Todesfälle und Erkrankungen auf die „Inoculation" oder „Pfropfung" von Menschenblattern zurückzuführen war, so entbrannte bald nach ihrer Einführung ein Kampf für und wider die Impfung. Es fanden sich hierbei nicht wenige, welche dieselbe als die Quelle alles Siechtums und als eine Entartung der Menschennatur hinstellten. Ein Hauptgegner der „Pfropfung" war in Deutschland der Hofrat D. W. Triller in Wittenberg. Derselbe trat schon im Jahre 1725 in einem Gedichte gegen dieselbe auf und schrieb im gleichem Sinne noch im Jahre 1766 die „Geprüfte Pockeninoculation." Darin wird erzählt:

„Ein schöner, junger Mensch, wie der Adon geziert,
Ward in der kleinen Welt, Paris, inoculiert,
Aus Furcht, nicht von Natur die Blattern zu bekommen;
Vom besten Eiter war das Pfropfreis hergenommen:
Allein, es kamen doch die besten Pocken nicht.
Kurz, er verlor betrübt sein schönes Angesicht,
Daß er die Welt verließ und stille Kloster-Mauern
Zum Aufenthalt gesucht, sein Unglück zu betrauern."

Minder gefährlich ward die Pockenimpfung erst, als an die Stelle der menschlichen die Kuhpockenlymphe trat. Auf Grund verschiedener von der Landbevölkerung gemachten Erfahrungen wurde sie zuerst seit dem Jahre 1761 von dem Pachter Jensen und dem Schullehrer Plett in Holstein vereinzelt angewandt. Daß diese Impfung mit Kuhpockenlymphe eine weitere Verbreitung fand, ist indessen das Verdienst des englischen Arztes Dr. Jenner, der im Jahre 1798 seine „Untersuchungen über die Ursachen und Wirkungen der Kuhpocken oder Kuhblattern" veröffentlichte. Die ersten Impfungen mit Kuhpockenlymphe seitens deutscher Ärzte wurden in Hannover, welches durch seinen Herrscher mit England in nächster Beziehung stand, im Jahre 1799 von H. v. Wrede und dem Chirurgen Stromeyer vorgenommen. Man knüpfte an dieselben die Hoffnung, daß durch sie die Blattern völlig ausgerottet würden. Im Jubelton singt deswegen ein Dichter im Jahre 1802 über die Jenner'sche Entdeckung:

„So raffte fast in allen Zonen
Die Blatternpest mit wilder Hand
Die Menschen hin zu Millionen,
Eh' die Vernunft ein Mittel fand,
Das uns, wenn man es weislich nützt,
Vor diesem Erdenübel schützt."

Im Geiste solcher Anschauungen war Deutschland das erste Land, in dem der Impfzwang eingeführt wurde. Die meisten Kulturländer folgten diesem Beispiele. —

Am Ende des vorigen Jahrhunderts wies ferner Samuel Hahnemann auf die Wichtigkeit einer strengen Diät bei der Heilung der Krankheiten besonders wieder hin und beglückte die Welt mit einem neuen Heilsystem. Im Jahre 1805 bezeichnete er dasselbe, gegenüber der Allopathie, zum ersten Male als Homöopathie. Diese Heilart beruht hauptsächlich auf dem unbewiesenen Glaubenssatze, daß die Krankheiten nur durch solche Heilmittel geheilt werden können, welche im gesunden Körper ähnliche Krankheiten erzeugen. Während die Allopathen nach dem Grundsatze „Entgegengesetztes durch Entgegengesetztes" die Krankheiten heilen, betreiben die Homöopathen ihre Kunst nach der Lehre „Ähnliches durch Ähnliches." Ein anderer, der täglichen Erfahrung meistens widerstreitender

Abb. 133. Verspottung des im Übermaß Medizin verschreibenden Arztes. Kpfr. von D. Chodowiecki (1726—1801). Berlin, Kupferstichkabinet.

Glaubenssatz Samuel Hahnemann's lautet: „Je kleiner die Gabe, desto größer die Wirkung." Wenn der gesunde Menschenverstand sich mit solchen Lehren auch nicht befreunden kann, so bieten sie doch willkommene Nahrung für diejenigen Menschen, welche einen Hang zum Mystizismus haben. Teilweise aus diesem Grunde, teilweise weil eine Anzahl Krankheiten bei zweckmäßiger Diät überhaupt ohne jedes Arzneimittel recht gut heilbar ist, hat die Homöopathie sich eine gewisse Stellung in der Medizin erringen können. Schon Goethe erkannte die wirklich gute Seite an ihr und meint, daß „wer auf sich selbst aufmerksam einer angemessenen Diät nachlebt, bereits der „Methode" Hahnemanns sich unbewußt nähert."

Das der Homöopathie nicht ganz fernstehende Naturheilverfahren und die Kaltwasserkuren, welche durch den griechischen Kaltwasserarzt Asklepiades schon in Rom, in den ersten Jahrhunderten unserer Zeitrechnung, eine so große Rolle in der Heilkunst spielten, kamen erst in unserem Jahrhundert durch Priesnitz, Schroth und Kneipp wieder recht in Mode.

Die Berufsthätigkeit des Arztes hat sich gegen

die der Vergangenheit in unserer Zeit etwas erweitert. Früher entsprach die medizinische Wissenschaft in ihrem Umfange vorwiegend nur den Angaben einer lateinischen Inschrift, welche sich an einer aus dem 17. Jahrhundert stammenden, im Germanischen Museum aufbewahrten Hausapotheke befindet und frei verdeutscht lautet:

Sie besiegt mit ihren Arznei'n
Die schreckliche Krankheit, die in jäher Stund
Den Menschen ereilt aus dem höllischen Schlund;
Sie rufet die Sterblichen wieder zurück,
Aus Schatten des Todes in's irdische Glück.

Der Arzt befaßte sich in der Vorzeit fast ausschließlich nur mit der Krankenbehandlung. Beim Auftreten von Seuchen und Epidemien und in einzelnen anderen ähnlichen Fällen ward zwar der ärztliche Stand ab und zu auch schon in früheren Jahrhunderten aufgefordert, Ratschläge zu erteilen, wie den drohenden Krankheitsgefahren vorzubeugen sei. So gab z. B. der Nürnberger Rat am 6. März 1520 ein bei Friedrich Peipus in Nürnberg gedrucktes Pestbüchlein heraus unter dem Titel: „Ein kurtz regiment auß viel treffenlichen tractaten verstendiger arzt gezogen, wie sich zu zeiten der pestilentz zu halten sei.“ In diesem sowie in ähnlichen Schriften finden sich zwar schon Angaben, welche von ärztlicher Mitarbeit an der öffentlichen Gesundheitspflege Zeugnis ablegen. Jedoch erst seitdem die Hygiene in unserem Jahrhundert mehr Bedeutung erlangt hat, lehrt die medizinische Wissenschaft allgemeiner, daß die Ärzte in hervorragender Weise und in erster Linie dazu berufen sind, mitzuwirken an der Verwertung jenes Gedankens, welchem Friedrich Rückert Ausdruck verleiht in den Worten:

„Die beste Heilart ist: vor Krankheit zu bewahren
Den Leib und Arznei'n durch Mäßigkeit zu sparen.“

Der bekannteste Arzt alter Schule, der den Übergang des achtzehnten zum neunzehnten Jahrhundert vermittelt, ist Chr. Wilhelm Hufeland (1762—1836), der zuletzt als Professor der Medizin und als Leibarzt des Königs von Preußen in Berlin lebte. Derselbe schloß sich keiner medizinischen Richtung an, sondern entlehnte seine

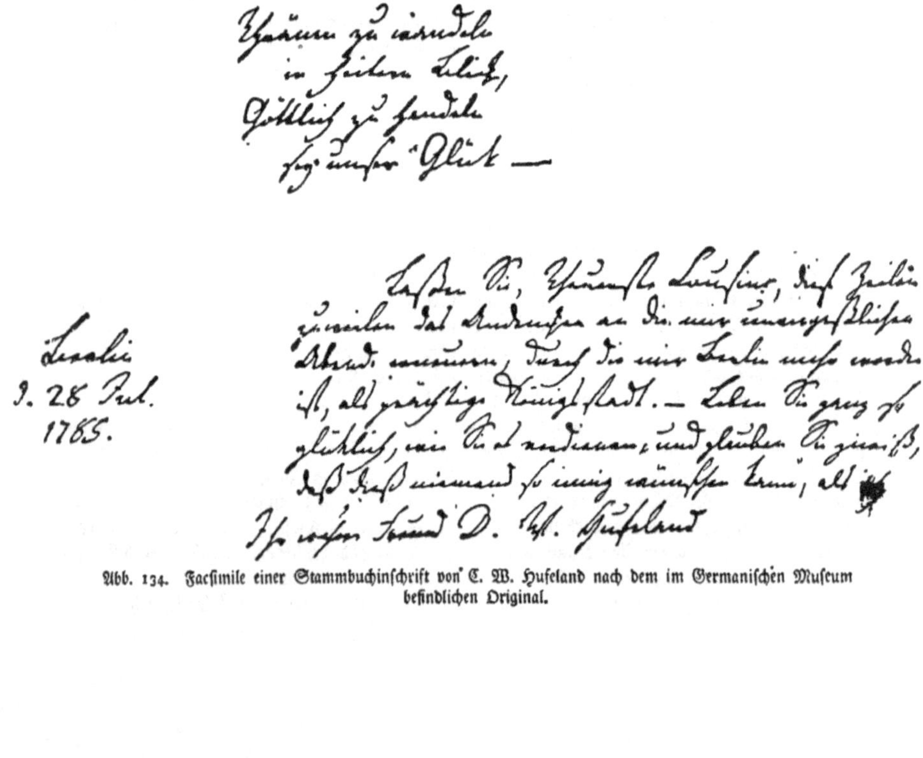

Abb. 134. Facsimile einer Stammbuchinschrift von C. W. Hufeland nach dem im Germanischen Museum befindlichen Original.

Ansichten verschiedenen Systemen. Er ward besonders durch seine populär geschriebenen Schriften bekannt. Seine „Makrobiotik" oder „die Kunst das menschliche Leben zu verlängern" ward in alle europäischen Sprachen übertragen und befindet sich noch jetzt im Buchhandel. Gerühmt wird Hufeland's Herzensgüte und sein Mitgefühl für die leidende Menschheit. Diesen Eigenschaften entspricht der nebenstehend wiedergegebene Stammbuchvers von seiner Hand.

Wie es sonach scheint, war Hufeland ein Arzt nach dem Sinne Saphir's, der da sagt: „Die Ärzte sollen sein wie die Priester: so würdig, und wiederum nicht wie die Priester: sie sollen nicht für den Himmel sorgen!" — —

Um auch von den Apotheken dieser Zeit zu sprechen, so waren in ihnen die Tinkturen, Extrakte und Chemikalien allgemein eingebürgert. Im Anfange des 19. Jahrhunderts entdeckte der Apotheker Sertürner in Hameln als erste organische Basis das Morphium. Nach diesem wurde dann eine ganze Anzahl weiterer Alkaloide aus den verschiedensten Arzneistoffen hergestellt. Durch solche einfache Träger wichtiger Heilkräfte aus pflanzlichen und tierischen Stoffen gestaltete sich der Arzneischatz minder widerwärtig als der vorzeitliche. Der Besuch einer Hochschule, welcher erst im 19. Jahrhundert für die Pharmazeuten gesetzlich geworden ist, fing zwar schon im 17. Jahrhundert vereinzelt an aufzukommen. Im Allgemeinen blieb aber die Ausbildung der Apotheker bis zum Ende des 18. Jahrhunderts eine handwerksmäßige. Die erste pharmazeutische Schule gründete im Jahre 1795 Bartholomäus Trommsdorff in Erfurt.

Abb. 135. Apothekenvisitation im 18. Jahrhundert. Gleichzeitiges Kpfr. Nürnberg, Germanisches Museum.

Die Apothekenbeschauungen wurden noch immer von Ratsherren und Ärzten und nicht von wirklichen Sachverständigen ausgeführt. Da auch die Ärzte meistens zu wenig Arzneimittelkenntnis besaßen, so erschien das Urteil der Visitationskommission oft nur insofern objektiv, als es durch Sachkenntnis nicht getrübt war. Im Almanach für Scheidekünstler vom Jahre 1792 finden sich „Bemerkungen über eine Apothekenvisitation in einer Reichsstadt" von Lippstadt. Hierin heißt es: „Sie können sich leicht eine Idee machen, wie feierlich es bey unserer Apothekenvisitation ausgesehen habe, wenn ich Ihnen sage, daß sie des Abends bei Lichte geschehen, freilich eine sehr ungelegene und unbequeme Zeit. Es sahe in unserer Stube völlig aus, als ich mir ein Inquisitions-Gericht in Portugal denke. Diese Vergleichung wird noch passender, wenn Sie sich ein geräumiges Zimmer denken, in dessen Mitte ein runder Tisch, auf demselben zwey brennende Wachskerzen, einige Flaschen mit Wein, Gläser zum Trinken, eine Schüssel mit Kuchen und Backwerk, daneben ein dickes Buch. Um den Tisch herum zwölf Personen, alle in Prediger-Ornat mit Mantel und Kragen, mit Allongeperücken, und zu dieser Friede verkündigenden Kleidung einen Degen an der Seite. Den Prinzipal der Apotheke müssen Sie sich unter allen diesen schwarzen Männern, die auf Polsterstühlen sitzen, stehend mit kreuzweis übereinandergeschlagenen Händen, furchtsam und zitternd den Richterspruch über sich und über die Sachen seiner Apotheke erwartend vorstellen. . . .

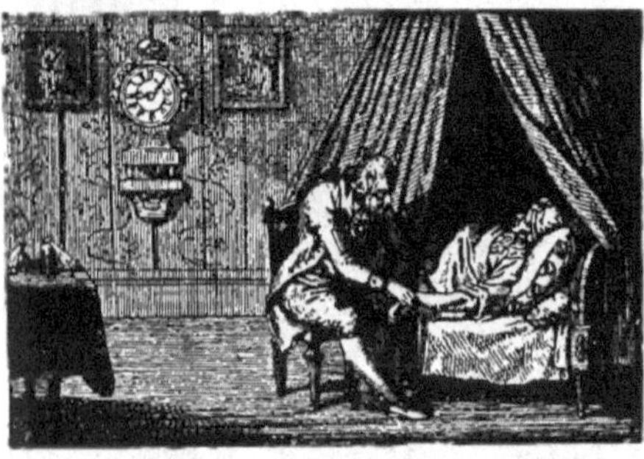

Abb. 136. Arzt am Krankenbett 1788. Kpfr. von Mettenleiter München, Kupferstichkabinet.

Jedes Stück, das zur Probe verlangt wurde, beantlitzten erst die Herrn Ärzte, dann nahmen es die hochweisen Väter der Stadt in Augenschein, wobey sie jedesmal ein Gesicht machten, als man es zu machen pflegt, wenn man etwas sieht, das man nicht kennt, oder wenn man eine Sache in seinem Leben zum erstenmal sieht, die es dann mit gnädigem Kopfnicken vor sich vorbei passieren ließen. Die Sache nahm ein gutes Ende. Es war aber nicht anders zu erwarten, denn die Weine waren alle fein und auserlesen, und an dem Konfekt konnte der feinste Gaumen nichts zu tadeln finden. Da das Zeichen zum Aufbruch gegeben wurde, zündeten zwei Lehrlinge vier gegossene Lichter, auf geputzten zinnernen Leuchtern steckend, an, nahmen hurtig den alten eisernen Draht-Leuchter vom Rezeptiertisch weg und setzten jene auf die vier Ecken des Tisches, damit die hochweisen Herrn beym Vorbeigehen der Apotheke den Glanz derselben betrachten und sich nicht stoßen sollten. Die ganze Arbeit hatte zwei Stunden gedauert."

Um auch aus dem 17. und 18. Jahrh. Anhaltspunkte für die Preise der Apotheken zu bieten, sei als Beispiel auf die Sternapotheke zu Nürnberg verwiesen. Dieselbe wurde ohne Haus im Jahre 1681 um 7500 Gulden verkauft, das Haus ward später um 12,000 Gulden dazu erworben. Im Jahre 1752 kostete dies Apothekenbesitztum 24,000 Gulden. Die Mohrenapotheke in Nürnberg besaß im Jahre 1634 nach der Schätzung an Materialien für 1900 Gulden, an Instrumenten für 400 Gulden und wurde samt Haus für einen jährlichen Zins von 400 Gulden verpachtet. Im Jahre 1791 betrug der Kaufschilling dieser Apotheke mit Haus 16,000 Gulden. Der Jahresumsatz an Medikamenten war damals 2500 bis 3000 Gulden. —

Im achtzehnten Jahrhundert widmeten sich einige deutsche Ärzte schon ganz der Chirurgie und scheuten sich nicht, an Lebenden und Leichen das Messer selbst in Anwendung zu bringen. Hierdurch nahm die chirurgische Kunst endlich, und zwar besonders in Frankreich und England, einen großen wissenschaftlichen Aufschwung. Die niederen Wundärzte, die in der Chirurgie immerhin oft sehr viel leisteten, standen noch im achtzehnten Jahrhundert in Nürnberg unter dem Rugamte, welches die Aufsicht über die Hand-

Abb. 137. Beförderung einer Kranken nach der Charité. Kpfr. von D. Chodowiecki (1726—1801).

werke übte. Als die Wundärzte im Jahre 1756 baten, sie von den Handwerkern abzusondern und dem Collegium medicum anzugliedern, ward ihnen diese Bitte vom Rate abschläglich beschieden, obgleich in einem Gutachten der Universität Halle bestätigt war, daß sie berechtigt seien, „sich von gemeinen Handwerkzunften abzusondern und solchergestallt die Ehre ihrer bisher allzu verächtlich gehaltenen Kunst wieder zu retten.“ Mehr in Ansehen kam die Chirurgie erst im 19. Jahrhundert, seit sie vorwiegend von studierten Ärzten betrieben wurde. In Nürnberg waren die Barbiere und ihre Gesellen schon im 17. Jahrhundert verpflichtet, an den Anatomiedemonstrationen der Ärzte teil zu nehmen. In Berlin wurde im Jahre 1713 eine Anatomie gegründet, an der besonders im Sommer Chirurgie gelehrt wurde. Diese und die im Jahre 1710 eröffnete Charité dienten zur Ausbildung der Chirurgen, die ihre Kunst zünftig erlernten. Dieselben mußten in Preußen seit 1725 ein Examen vor dem Physikus und dem medizinisch-chirurgischen Kollegium bestehen. Besonders bezweckten diese Anstalten aber die Heranbildung von Feldwundärzten, wofür im Jahre 1795 in Berlin auch die Pepinière angelegt war. In letzterer erhielten die Schüler freie Wohnung, freies Studium und auch noch Tischgelder. In Preußen und anderen deutschen Staaten wurde im achtzehnten Jahrhundert bei den stehenden Heeren ein festes ärztliches Personal angestellt, welches unter dem Regimentsobersten stand. Die Stabsmedici, welche die inneren Krankheiten heilten, leiteten auch die chirurgische Behandlung seitens der „Feldscheerer“, die ihnen unterstellt waren. Unter dem „Regimentsfeldscheerer“ standen die „Compagniefeldscheerer.“ In den Garnisonsstädten wurden überall Militärlazarette gegründet.

In Württemberg befand sich eine militärische Erziehungsstätte für künftige Ärzte an der Karlsschule zu Stuttgart, auf der auch Schiller in den Jahren von 1773 bis 1780 war. Nachdem er namentlich von 1778—80 hier Medizin studiert hatte, wurde er im Jahre 1780 als Regiments-Medicus bei dem Regiment Augé angestellt, wo er einen Monatsgehalt von 18 Gulden erhielt. Im Oktober 1782 entzog er sich bekanntlich dieser Stellung durch die Flucht. Der Vater Schillers war ein Feldscheerer niederer Ordnung, der in bayerischen und württembergischen Kriegsdiensten stand.

Im 18. Jahrhundert bekam auch die Zahnheilkunde einen etwas wissenschaftlicheren Charakter durch die Arbeiten von Fouchard in Paris. Von den deutschen Ärzten dieser Zeit, die sich mit der Zahnheilkunde befaßten, sind unter andern zu nennen Heister, Hirschfeld, Pfaff, Brunner, Blumenthal. Aber die Stellung der Zahnärzte blieb bis in unser Jahrhundert hinein doch die alte. Sie wurden immer noch zu den Quacksalbern und Marktschreiern gerechnet. Seitdem jedoch im Jahre 1825 die erste zahnärztliche Prüfungsordnung in Preußen erlassen war, sind die Zahnärzte als wirkliche Medizinalpersonen anerkannt. Auch die Augenheilkunde blühte jetzt etwas auf. Prof. Boerhaave in Leyden gab von den Augenkrankheiten eine geordnete Beschreibung. Aus der

Abb. 138. Heiratsantrag eines Arztes. Kpfr. von D. Chodowiecki (1726—1801).

Abb. 139. Behandlung durch einen Magnetiseur. Kpfr. von D. Chodowiecki (1726—1801). Berlin, Kupferstichkabinet.

geringen Zahl der gelehrten Ärzte Deutschlands, welche sich damals weiter der Augenheilkunde annahm, ist Lorenz Heister zu nennen, der anfänglich in Altdorf, später in Heimstädt Professor der Anatomie und Chirurgie war und in holländischen Kriegsdiensten eine praktische Schule für Chirurgie durchgemacht hatte. Er entdeckte im Jahre 1709, daß der graue Star eine Trübung der Krystalllinse und nicht, wie man früher annahm, ein Häutchen über derselben ist. Im Ganzen gab es aber damals nur wenige deutsche Augenärzte, und die ausländischen „Oculisten“ standen höher in Ansehen als die einheimischen. So kam es, daß bis zum Ende des vorigen Jahrhunderts neben den deutschen Starstechern besonders italienische, französische und englische Oculisten unser Vaterland durchzogen, um Blinde sehend zu machen. Wenn diese fremdländischen Augenheilkünstler teilweise auch eine ärztliche Ausbildung besaßen, so hatten sich dieselben doch auch den ganzen Charlatanismus der empirisch gebildeten Berufsgenossen angeeignet.

Von den ausländischen Oculisten, welche in der Mitte des achtzehnten Jahrhunderts ihr Wesen oder Unwesen trieben, ist der berühmteste der Ritter von Taylor aus Norwich in England, „patentierter Päpstlicher, Kaiserlicher und Königlicher Augenarzt .... Professor der Optik, Dr. med. et Chir. und Verfasser von mehr als 40 Schriften über das Auge und seine Krankheiten in verschiedenen Sprachen.“ Über denselben hat F. C. Stricker in seinen „Beiträgen zur ärztlichen Kulturgeschichte“ manche Nachrichten zusammengetragen, die auch hier benutzt sind. Taylor hatte Empfehlungsschreiben von den berühmtesten damaligen Ärzten, unter denen sich auch Boerhaave und von Haller befanden. Später kam man allgemein von dieser guten Meinung zurück und erkannte Taylor als Charlatan. Wie es damals bei den fahrenden Ärzten üblich war, verbreitete Taylor Zettel, in denen sein Ruhm und seine Kunst gepriesen waren. In einer solchen Veröffentlichung sagt er freimütig: „Ein jeder Augenarzt hat eine gewisse Art sich in Ruf zu bringen; sie sind blos darin unterschieden, daß der eine gröber prahlt als der andere.“

Taylor pflegte, umgeben von einer zahlreichen Dienerschaft, in einem mit Augen bemalten Wagen zu fahren.

Er hatte sich bei allen europäischen Höfen den Titel eines Hof-Oculisten verschafft. Im April 1750 reiste der berühmte englische Augenarzt nach Potsdam, um sich von Friedrich dem Großen ebenfalls den Titel eines Augenarztes Seiner Majestät zu erbitten. Dieser gab ihm auch das Diplom eines solchen, verabschiedete ihn indessen auf seine eigene Art mit den Worten: „Nun sind alle Seine Wünsche erfüllt, Er ist mein Augenarzt, aber ich bemerke Ihm, daß meine Augen keine Hülfe bedürfen, und wenn Er sich untersteht, an das Auge eines meiner Unterthanen zu rühren, so lasse ich Ihn aufhängen, denn ich liebe meine Unterthanen wie mich selbst.“ Unter guter Bedeckung ward der preußische Hofaugenarzt alsdann sofort an die Grenze von Sachsen gebracht. Voltaire meinte zu diesem Verfahren, der König von Preußen habe aus seinen Staaten den einzigen Mann vertrieben, der ihm die Augen habe öffnen können.

Nachdem Taylor im Jahre 1755 auch noch eine Kunstreise nach den asiatischen Ländern gemacht und sich dort länger aufgehalten hatte, geriet er in Vergessenheit.

Wenn einzelne herumziehende Starstecher auch eine tüchtige praktische Erfahrung haben mochten, so gaben sich doch viele Charlatane für Oculisten aus, die von dem inneren Bau des Auges keine Ahnung hatten. Gar mancher kam durch einen solchen um sein Augenlicht und konnte das von einem Blinden herrührende Epigramm mit Überzeugungstreue aussprechen:

„Viel wüßt' ich eben nicht zu nennen,
Die Blinde sehend machen können.
Doch Sehende, die hat schon Mancher blind gemacht,
Auch mich hat so ein Schuft um das Gesicht gebracht!"

Von den deutschen fahrenden Ärzten ist der berühmteste der auf dem Ägidienkirchhofe zu Hannoversch Münden ruhende Dr. Eisenbart, der nach dem bekannten Liede von sich sagt, „kann machen, daß die Blinden geh'n und daß die Lahmen wieder seh'n." Er lebte in den Jahren 1661 bis 1727. Im Jahre 1704 kam er mit einer Gesellschaft von Gauklern nach Wetzlar. Die Künstler Eisenbart's brachten hier satirisch eine Fehde zur Aufführung, die zwischen den Richtern des Reichskammergerichts ausgebrochen war. Er wurde deswegen mit seinen Künstlern aus der Stadt ausgewiesen. Auf seinem Grabsteine wird Joh. Andreas Eisenbart als Landarzt, „Königl. Preußischer Rat und Hofoculist von Magdeburg" bezeichnet.

Die herumziehenden Ärzte hatten in jeder Stadt die Erlaubnis der Behörde für die Ausübung ihrer Kunst einzuholen und ein Standgeld zu zahlen. Eine Ansbachische Verordnung von 1766 sagt: „Von jeder Arztbühne, deren Komödien- und Marionettenspieler, Seiltänzer, sollen täglich 30 Kreutzer als Zuchthausbeitrag erhoben werden."

In den Jahren 1774 bis 1777 weckte Pater J. J. Gaßner die Heilungen durch Exorzismus wieder auf und trieb durch Teufelsbeschwörungen, Segensprechungen und Gebete die von ihm angenommenen Krankheitsgeister aus. Die magische Gewalt, welche ein starker Wille auf andere ausüben kann, erregte dann besonders am Ende des vorigen Jahrhunderts Staunen und Bewunderung durch die Kuren, welche mittelst des tierischen Magnetismus, Hypnotismus und Somnambulismus von dem deutschen Arzte Mesmer, von Puysegur und anderen ausgeführt wurden. Doch blieb die damalige Zeit der Welt eine Erklärung der Erscheinungen des sogenannten tierischen Magnetismus allerdings schuldig.

Erst seit wenigen Jahrzehnten weiß man, daß die Hypnose nicht auf das Individuum übertragen, sondern vielmehr aus ihm selbst erzeugt wird und durch anhaltendes, gespanntes Richten der Aufmerksamkeit auf einen Gegenstand entsteht. —

Was die Einkünfte der niederen Ärzte anlangt, so erhielten nach der Frankfurter Medizinalordnung vom Jahre 1710 die Barbierer „von einem Armbruch mit einer Röhren zu heylen 6 Gulden, mit beyden Röhren, so nicht offen ist, zu curieren 12 Gulden. Ein Beinbruch ... 18 Gulden, Gemeine Verrenkung 3 Gulden" u. s. w. Für die „Schnitt- und Augenärzte" war bestimmt: „Stein

Abb. 140. Besprechung von Kranken durch P. Gaßner. Kpfr. von D. Chodowiecki (1726—1801).

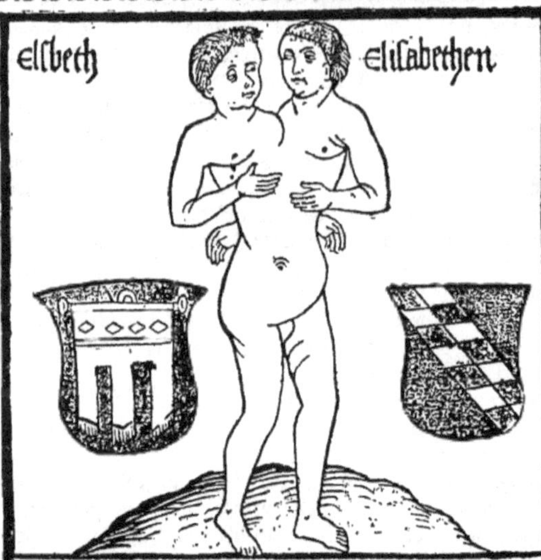

Abb. 141. Zwei zusammengewachsene Mädchen. Holzschnitt 1507. Berlin, Kupferstichkabinet. Weller 386.

zu schneiden 30 Gulden, so aber der Patient stirbt, die Helfft. Krebs zu schneiden ... 24 Gulden, Staar zu wircken an einem Aug 10 Gulden, an beiden Augen 15 Gulden u. s. w." —

Seit 1725 wurden die angehenden Hebammen in Berlin von einem medizinischen Professor in der Anatomie des Weibes unterrichtet. Eigentliche Hebammenschulen sind allgemeiner jedoch erst in der zweiten Hälfte des 18. Jahrhunderts gegründet.

Von jeher erregten die Mißgeburten Staunen und Verwunderung. Die Ulmer Hebammenordnung vom Jahre 1737 erinnert daher, weil „je zuweilen geschieht, daß seltsame und monstrose Wunder-Geburten sich ereignen und hervorthun, welche durch die Hebammen und andere anwesende Weiber gern versteckt und verborgen gehalten, auch also bald ohne fernere Untersuchung und Besichtigung begraben werden, die Oberhändige Frauen und Hebammen hiermit ernstlich, solche seltzsame Wunder-Geburten nicht eher zu beerdigen, ehe und denn sie vorher Löblichem Steueramt angezeigt worden." Viele der in älteren Werken abgebildeten Mißgeburten, besonders die mit Tiergestalt, sind Hirngespinnste und aus der Wissenschaft ins Land der Fabel zu verweisen. Auch die Erzählungen von mehrjährigen Schwangerschaften finden entweder ihre Erklärung in krankhaften Wucherungen oder laufen geradezu auf einen Betrug hinaus. Meistens bekamen die Hebammen einen bestimmten Jahresgehalt und für die Entbindungen noch eine kleine Zahlung. Die Ulmer Hebammenordnung vom Jahre 1737 bestimmt als Lohn für eine Entbindung 6 Kreuzer. —

Das Badeleben entwickelte sich nach dem dreißigjährigen Kriege sehr üppig. In der Zeit um 1700 gehörte namentlich Schwalbach zu den besuchtesten Luxusbädern Deutschlands. Ein Schriftsteller berichtet im Jahre 1711 von dem dortigen Leben: „Man trifft unterweilen zu Schwalbach 600 Cavaliers und Damen von gutem Stande an, ingleichen tausend Personen von dem zweiten Range. Ich bin der Meinung, daß mehr die gute Gesellschaft als die herrlichen Eigenschaften der Mineralwasser die Ursache sind, welche viel Leute von allen Ständen und Würden nach Sch. lockt. Denn man würde sich sehr täuschen, wenn man glaubte, daß alle diejenigen, welche diese Quellen besuchen, sie auch brauchen; der größte Teil findet sich nur zum Vergnügen ein." Ein Dichter besingt die Freuden, die Schwalbach bietet, im Jahre 1737 also:

„Ach angenehmer Ort! Ach Ort der vollen Freuden,
Zu dir sich junge Leut von weitem auch bescheiden,
Heirathen da gestifft, Gevatterschaften dort,
Viel neue Kundschaft macht, eh' man zieht wieder fort...
Um Pferde spielte man, um Ringe und Pistolen,
Um Uhren und um Rohr, als ob man es gestohlen,
Die Schieß-Trucktafel und das Rennen nach dem Ringe,
Das Schießen mit der Büchs und noch viel andere Dinge,
Wirthschaften, Königsspiel, Balladen ohne Zahl,
Auch die Comödien bei Großen überall." —

Einiges sei noch über die Seuchen in neuerer Zeit und im allgemeinen gesagt. Als Aussatz, Pest und andere Seuchen, welche schon im Mittelalter herrschten, im 17. und 18. Jahrh. aus Deutschland verschwanden oder doch milder auftraten, suchten Typhus, Ruhr, Scharlach, Masern, Diphtheritis die armen Sterblichen in tötlicher Weise heim. Im Jahre 1831 drang die asiatische Cholera zum ersten Male nach Deutschland vor und gehört seitdem zu den Schreckgespenstern, deren Erscheinen die Menschheit erzittern macht und dem unerbittlichen Tode seine Opfer zuführt.

Schon früh scheint die Menschheit beobachtet zu haben, daß die Ansteckung der Seuchen meistens durch Berühren der Kranken und seiner Sachen oder durch den Aufenthalt in dem nächsten Dunstkreise geschah. Insbesondere die Verbreitung und Verschleppung der Pest erfolgt ja durch wandernde Menschen und Tiere oder durch Versendung von Sachen, welche mit Pestkranken in Berührung waren. Die Seuche braust nicht, wie Lingg sich in seinem Pestgedichte ausdrückt, auf „sausendem Roß" über den Erdball, sondern zieht langsam wie eine „schleichende Mörderin" von Stadt zu Stadt, von Land zu Land. Bei ihrer Wanderung verschont sie gar manchen Ort. Auf Grund dieser Erfahrung rät deswegen schon eine Dichtung des 16. Jahrh. gegen die Ansteckung:

„Fleuch bald und weit vom Lande,
Darin die Seucht nimpt überhande,
Laß dich nicht heim verlangen,
Die Krankheit sei denn wohl vergangen."

Bei einzelnen religiösen Gemütern stellten sich aber Bedenken ein, ob es mit der christlichen Religion vereinbar sei, den Versuch zu machen, durch Flucht sich der Schickung Gottes zu entziehen. Kein geringerer als Luther beruhigt solche Bedenklichkeiten in seiner 1527 erschienenen Schrift: „Ob man vor dem Sterben fliehen muge." Er erklärt, für Beamte der öffentlichen Ordnung und für Krankenpfleger jeder Art sei es allerdings Pflicht, zu Pest-

Anzeygung wunderbarlicher geschichten vnd geburt/dises XXXI. Jars zu Augspurg geschehen/rc.

Zu wissen/das newlicher tag zu Augspurg ein schwangere fraw/ so zur gepurt nider kumen/drey wunderbarlicher/vnnatürlicher/ seltzamer/vngewönlichen/vnd vormals vnerhörten/ noch der gleichen vnförmlichen gestalt/gesehener früchten/ auß irem leyb in dise welt geboren vnd gebracht hat.

Die erst creatur vnd geburt/ so auß irem leyb kumen/ ist gewesen ein ainich menschen haubt/one leyb/hende/vnd füß/in einem häutlin/oder belglein gelegen/Wie dañ dise figur zu erkennen gibt vnd anzeygt/rc.

Die ander vnnatürlich / vngestalt geburt vnd figur vbertreffenlich wunderbar/hat ein haubt vñ mund zugleich einem fisch/Nemlich wie ein hecht/seinen von aller glidmaß gantzen leib/auff form vnd gleychnus eines Froschs/vñ vor seinem hindern/als ein Eder/einen schwantz gehabt.

Die drit vnförmlich geburt/so von der frawen leyb komen/ist gleich gewest einem jungen schweyn/ Vnd ist dise vnd auch die andern/ als bald sie an tag komen/gestorben.

Was aber dise Monstra vnd widernatürliche früchten vnd wunder bedeütten vnd anzeygen/ das wayß allein Got im himel/ Der wende alle ding durch sein götliche barmhertzigkeit zum besten/rc.

Abb. 142. Geburtsmonstrum zu Augsburg. Fliegendes Blatt 1531. München, Hofbibliothek.

Abb. 143. Allegorie auf die Macht des Todes. Kpfr. vom Meister H. W. 1482. Wien, k. k. Kupferstichsammlung. B. VI. 312. 2.

zeiten treu bei ihrem Berufe auszuharren, indessen solche Personen, deren Abwesenheit die Mitmenschen nicht in Verlegenheit brächte, könnten ruhig und ohne Bedenken aus den Pestorten fliehen. Um die Ansteckungsgefahr in den verseuchten Orten zu bekämpfen, zog man schon in den frühesten Zeiten das Feuer mit zur Hilfe heran. So verfügte der Nürnberger Rat am 8. Mai 1519, daß die Kleidung der „pestilenzialischen leut im lazaretho" zu verbrennen sei und nichts davon behalten oder verkauft werden dürfte. Wenn nicht das Nomadenleben dazu führte, so waren es vielleicht solche sanitären Gründe, welche schon die auch bei vielen alten germanischen Stämmen übliche Leichenverbrennung in Gebrauch brachten.

Das führt uns zum Schluß auf Tod und Bestattung. Wie die prähistorischen Gräber zeigen, waren die Bestattungsarten bei den Germanen nach den Kulturperioden und Völkerschaften verschieden. Teils wurden die Leichen in unversehrtem Zustande begraben, teils verbrannte man sie und setzte nur die Asche oder die halbverbrannten Körperteile entweder zwischen Steinen oder in Urnen in die Gräber.

Bei vielen deutschen Stämmen, bei denen das Begraben der Leichen üblich war, gab man den Toten einen Teil ihres irdischen Besitzes mit in das Grab. So ist im Berliner Museum für Völkerkunde ein Grab aus der Zeit zwischen dem vierten und siebenten Jahrhundert ausgestellt, welches aus einem Alemannen-Gräberfeld am Lupfen bei Oberflecht im Schwarzwald stammt. In diesem ist der Tote mit seinen Waffen, mit Schmuck- und Hausgerät bestattet.

Wie ferner aus dem Gedichte v. Platen's allgemein bekannt ist, wurde der im Jahre 410 gestorbene Gotenkönig Alarich von seinem treuen Volke in voller Rüstung auf seinem Pferde im Bette des Flusses Busento beerdigt.

Bei den Germanen des Nordens war in der Vorzeit die Bestattung und Verbrennung der Toten auf Schiffen nicht ungewöhnlich. Als Balder durch seinen Bruder Höder gemordet war, brachte man die in reine Gewänder gehüllte Leiche des Lichtgottes auf sein Schiff Hringhorn und türmte um dieselbe die Scheiter für den Leichenbrand. Alsdann trat die Riesin Hyrrokin an das Fahrzeug und stieß es in das Meer. Hierbei gerieten die Rollen, auf welchen das Schiff an den Strand gezogen war, von der Reibung in Brand, so daß die Flammen der mit dem Schiffe verbrennenden Leiche hoch zum Himmel emporlohten.

Nicht selten war die Bestattungsweise der Toten in kahnartig ausgehöhlten Leichenbäumen, wie sie bei den Alemannen in den Rhein- und Donauländern nachweisbar ist. Auf alten Grabsteinen findet man dementsprechend ab und zu ein Schiff eingemeißelt, auf dem der Tote seine Fahrt ins Reich der Schatten machte. Wie die Sage berichtet, wurde der heilige Matern nach seinem Tode in einem Fahrzeuge dem Rhein übergeben. Ähnliches erzählt die Legende von der Leiche St. Emmerans.

Der christlichen Religion galt die Leichenverbrennung von jeher als heidnischer Gebrauch. Karl der Große erließ gegen dieselbe ein Gesetz, nach dem auch die heidnischen Sachsen bei Todesstrafe gezwungen wurden, ihre Toten zu begraben. Die Leichen wurden meist mit leinenen Tüchern oder Säcken umnäht oder umwickelt und bei den Gehöften, später in der Nähe der Kirche in das Grab gesenkt oder in eine Steingruft gelegt. Um den Verwesungsgeruch zu verhindern, wurden die Toten in der Gruft vielfach mit ungelöschtem Kalk überstreut. Beim Auftreten der großen Seuchen hielt man zudem die Ausdünstungen der Leichen für gefährlich. In großen Städten wurden deswegen im fünfzehnten und sechzehnten Jahrhundert die Friedhöfe bei den Kirchen innerhalb der Stadt vielfach wieder geschlossen und die Gottesäcker vor die Thore der Städte verlegt.

Wenn bei den alten Deutschen die Leichen schon zuweilen in ausgehöhlten Baumstämmen, sogenannten Totenbäumen, beerdigt wurden, so war der Gebrauch der Särge bis zum 17. Jahrhundert in Deutschland noch keineswegs allgemein verbreitet. Der Nürnberger Rat erließ noch im Jahre 1632 gegen Totentruhen eine Verordnung, weil durch dieselben die Gottesäcker zu sehr gefüllt und unnötig Holz damit vergeudet würde. Die Toten sollten nur dann in Särgen beerdigt werden, wenn sie an ansteckenden oder fließenden Krankheiten verstorben, operiert oder seziert waren. Um den Gebrauch der Särge einzuschränken, wurde dafür eine verhältnismäßig hohe Abgabe erhoben. Ähnlich wird es auch in anderen deutschen Orten hiermit gehalten sein.

Abb. 144. Jüngling und Tod. Kpfr. vom Meister d. Hausbuches. 15. Jahrh. Wien, k. k. Kupferstichsammlung. L. 58.

Abb. 145. Auferstehung einer Scheintoten aus dem Grabe 1357. Kpfr. von A. Aubry 1604. Nürnberg, Germanisches Museum.

Da manche Erzählungen der Bibel von Auferweckungen Verstorbener berichten, so ist es nicht zu verwundern, daß eine Rückkehr der Toten aus dem Reiche der Schatten nicht für ganz unmöglich gehalten wurde. Gestärkt wurde diese Anschauung durch das Vorkommen des Scheintodes. Ein solcher Fall wird der gewesen sein, den die „Abbildung der alten wunderbaren Geschicht, so sich in Cöllen am Neuen Markt uff den Kirchhof zu St. Apostoleon zugetragen durch Frau Richmuth im Jahre 1357", zur Anschauung bringt. Dieses Bild befand sich zuerst auf einer Tafel in der genannten Kirche und wurde hiernach 1604 in Kupfer gestochen. In dem beigegebenen Gedicht wird erzählt, die Leiche sei von dem Totengräber und seinem Knecht zum Zwecke der Beraubung nächtlicherweise wieder ausgegraben —

„Da nun der Knecht den Deckel aufbricht,
Als bald sich da die Frau aufricht."

Wie weiter berichtet wird, lebte Frau Richmuth dann noch viele Jahre.

Man mußte sich trotzdem zu allen Zeiten zu dem Sprichworte: „Für den Tod kein Kraut gewachsen ist" bekennen. Dementsprechend äußert sich auch der Nürnberger Meistersänger Hans Sachs in seinem Gedichte: „Der Tod ein End aller irdischen Ding", in dem die Wollust den Menschen, der bei ihr Hilfe sucht, auf die Arzneikunst verweist. Der Dichter läßt diese selbst antworten:

„... Ich bin nit von Gott
Gesetzt, zu vertreiben den Tod.
Seind nicht alle Ärzt selber gestorben,
Ipocrates in Tod verdorben?
Ich bin nur ein Hilf der Natur,
Die Krankheit zu arzneien nur.
Wo Glück mitwirkt, da hab ich Kraft;
Sunst hilft kein Fleiß noch Meisterschaft."

Der Tod war eben der unbezwingbare Widersacher der Heilkunst.

Die Vorstellungen nun, welche man sich von ihm machte, waren im Laufe der Zeiten sehr wechselnd. In der nordisch-germanischen Vorzeit galt die in ihrer Halle zu Niflheim in der Tiefe herrschende Erdenmutter Hel als diejenige, welche die müden Erdenbewohner im Tode wieder zu sich nahm. Man stellte sich die schreckliche Hel

Abb. 146. Wappen des Todes. Kpfr. von A. Dürer. München, Kupferstichkabinet. B. 101.

als ein furchtbares Scheusal vor, bei deren Anblick alles Leben erstarrte. Auf der einen Seite war die Todesgöttin Hel leichenblaß, auf der anderen schwarz wie das dunkle Grab. Nach einer anderen altgermanischen Vorstellung hielt man den Tod für ein in den Bergen und Wäldern hausendes zottelhaariges Wesen. Geiler von Kaisersberg hat im Hinblick auf diesen Förster, der den Wald der Menschheit unerbittlich lichtet, sein Buch „de arbore humana" geschrieben, „darin geschicklich und in Gottes lob zu lernen ist, des holzmeiers, des Dotz, fröhlich zu erwarten." Sehr früh benutzte man für die Todesdarstellungen das Bild des Totengräbers oder des Schnitters. Bei jenem war ein zusammengeschrumpfter Leichnam ausgerüstet mit der Schaufel und einem Stundenglase, bei diesem mit der Sense. Eine frühchristliche, wenig schaurige Todesdarstellung zeigt einen Engel, der häufig zum Zeichen seiner todbringenden Sendung auch mit der Sense und dem Stundenglase charakterisiert war. Die Seele oder das Leben, das der Todesengel abholte, wurde als kleiner Mensch verbildlicht. Da der Tod nach der christlichen Anschauung eine Folge des ersten Sündenfalles ist, so glaubte man im späteren Mittelalter den Schergen und Pförtner des Jenseits, wie die Sünde selbst, in einer häßlichen Gestalt darstellen zu müssen.

Abb. 147. Nächtlicher Totentanz. Holzschnitt von Wohlgemuth aus: Schedel, Weltchronik. Nürnberg, Koberger, 1493.

Während für den Tod in den Darstellungen des frühen Mittelalters die Gestalt eines zusammen-

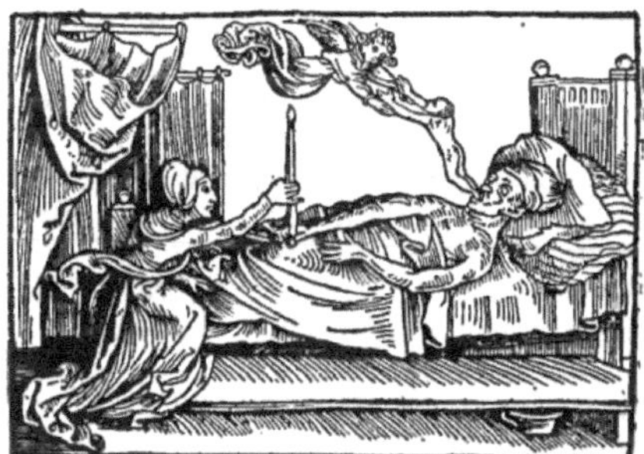

Abb. 148. Der Todesengel nimmt die Seele in Gestalt eines Kindes zu sich. Holzschnitt aus: Reiter, Mortilogus. Augsburg, Oeglin und Nadler, 1508.

geschrumpften, verwesenden Leichnams vorherrscht, wählte man später das Bild eines menschlichen Knochengerippes, das meistens mit der Hippe und dem Stundenglase ausgerüstet war.

Daß dem Herrscher Tod ein königliches Wappen gebühre, war in jenen Zeiten, in denen man noch mehr Wert auf die Heraldik legte, selbstverständlich. Von vielen Künstlern früherer Jahrhunderte sind solche entworfen. Die Abbildung 146 zeigt ein Wappen des Todes, das von der Künstlerhand Albrecht Dürer's im Jahre 1503 in Kupfer gestochen ist. Der Meister führt uns mit seinen Grabstichel unten auf dem Schilde einen Totenkopf als Wappen, darüber als Helmzier die Flügel des Todesengels vor. Daneben steht der altgermanische, zottig behaarte Waldtod mit seinem rohen Todesbogen, der dem ihm bereits verfallenen keimenden Leben, das die bei ihm stehende Frau in sich trägt, den ersten Todesstempel durch einen Kuß aufdrückt: „denn alles was entsteht ist wert, daß es zu Grunde geht."

Als im 14. Jahrhundert die Pest durch Europa ihren Triumphzug hielt, ward sich die Menschheit der Macht des Todes und der Vergänglichkeit alles Irdischen besonders klar bewußt. Dieses Bewußtsein gab den damaligen Künstlern oft Anregung und Veranlassung, den Triumph des Todes bildlich zu verkörpern. Die älteste derartige Darstellung ist ein Wandgemälde aus der Mitte des 14. Jahrhunderts auf dem Campo santo zu Pisa. Auf demselben ist der Tod dargestellt in der Gestalt eines wilden Weibes, das in den Lüften schwebt und mit der Sichel die Menschen gleich den Garben des Feldes danieder mäht. Auf einem ähnlichen, in der Mitte des 15. Jahrhunderts in Palermo geschaffenen Freskogemälde ist der Tod auf seinem Triumphzuge als halbverwester Leichnam gemalt, wie er, mit Pfeil und Bogen bewaffnet, auf einem gleichfalls durch das Absterben zusammengeschrumpften Klepper daher braust.

Im 15. Jahrhundert gelangte in Frankreich und namentlich auch in Deutschland die mehr humorvolle und ursprünglich zu dramatischen Schaustellungen verwertete Vorstellung zur Herrschaft, nach welcher das Sterben als ein Tanz mit dem Tode aufgefaßt wurde, wozu dieser selbst die Musik macht. In der lateinischen Ausgabe von H. Schedels Weltchronik vom Jahre 1493, welche Wohlgemuth und Pleydenwurff mit Holzschnitten verzierten, findet sich eine Todesdarstellung mit drei Totengerippen, denen ein viertes zum Tanze bläßt.

Goethe schildert einen derartigen Totentanz mit mit den Worten:

„Nun hebt sich der Schenkel, nun wackelt das Bein,
Gebärden da giebt es, vertrackte;
Dann klippert's und klappert's mitunter hinein,
Als schlüg man die Hölzlein zum Takte."

Abb. 149. Der Tod als von Schlangen und Würmern zerfressener Leichnam. Giftmarke (?) Holzschnitt von einem rheinischen Künstler 1480—1490. Berlin, Kupferstichkabinet. Schr. 1887.

Sichtlich handelt es sich auf diesem Bilde, wie in dem Goethe'schen Gedichte, um einen in nächtlicher Stunde von Gerippen, die dem Grabe entstiegen sind, aufgeführten Totentanz. In den eigentlichen Totentänzen führt die Todesgestalt einen Menschen, der aus dieser Welt scheiden soll, in einem Tanze zum Jenseits. Meistens befand sich die zum Todestanze aufgeforderte Person zwischen zwei Todesgestalten auf dem Gemälde.

Gewöhnlich waren diese Bilder mit kurzen Wechselreden in Versen zwischen dem Tode und dem von ihm zum Reigen geholten Menschen begleitet, die ursprünglich die Hauptsache gewesen waren. Die ältesten und berühmtesten Wandgemälde mit Totentänzen befanden sich in Basel, Lübeck, Berlin, Wismar, Chur, Füssen, Konstanz, Luzern, Freiburg, Erfurt. Auch im Druck erschienen viele derartige Bilder. Sehr berühmt war stets der Totentanz, der sich seit 1463 in der alten „Plauderkapelle" der Marienkirche zu Lübeck befindet. Derselbe ist in einer Erneuerung vom Jahre 1701 erhalten geblieben. Es bilden in dieser Darstellung 24 Personen der reicheren und höheren Stände, mit den Händen verbunden, abwechselnd mit eben so vielen verschrumpften Leichen, welche mit dem Grabtuche umhüllt sind, einen Reigen. Eine voranschreitende Todesgestalt spielt der Gesellschaft auf einer Flöte zum Tanz auf. Auf einem Bilde sieht man den Arzt mit dem Edelmann und dem Domherrn tanzen. Der erstere ist durch Mantel, Barett und ein Harnglas gekennzeichnet. Die niederdeutschen Verse, welche ursprünglich den Lübecker Totentanz begleiteten, sind nur teilweise erhalten. In einem gedruckten Lübecker „Dodendantz" vom Jahre 1520 sagt der „Doctor in arzenye":

„Ach God, hir is ganz klene rath,
Dyt water is vorware ganz quath,
De ferwe is swarth, grön und roth,
Ick see dar in den bytteren doth.
Up der appoteken is nicht eyn krud,
Dat gegen den doet kan wesen gud."

Auf unserer letzten Abbildung sieht man den Tod das ärztliche Studierzimmer aufsuchen, um auch den gelehrten Doktor zum Totentanz abzuholen.

Von jeher wurde es den Ärzten vorgeworfen, daß sie sich nicht selber heilen können. Philander von Sittewald schreibt in seinen Gesichten: „Ich hatte gelesen, daß die Medici die Kranken curieren und gesund machen sollten; befand aber im Werk, daß sie eben sowohl an selbigen Krankheiten selber sterben mußten."

Sehr richtig weist Goethe darauf hin, daß die Ärzte in unheilbaren Krankheiten meistens noch unglücklicher daran sind als andere Sterbliche, da sie den tötlichen Verlauf des Leidens voraussehen. Er sagt in seinem „Westöstlichen Divan":

„Wofür ich Allah höchlich danke?
Daß er Leiden und Wissen getrennt.
Verzweifeln müßte jeder Kranke,
Das Übel kennend, wie der Arzt es kennt."

Wenn die Heilkunst den Vernichter aller menschlichen Schönheit und Anmut, den unerbittlichen Tod, auch stets als einen trutzigen, unbesiegbaren Gegner ansah, so rühmt das deutsche Sprichwort ihn selbst doch wieder als den größten Heilkünstler, indem es sagt:

„Der letzte und sicherste Arzt ist Vetter Knochenmann; er heilt alle Krankheiten."

Abb. 150. Der Tod und Arzt. Holzschnitt von H. Holbein (1497—1543). Berlin, Kupferstichkabinet.

Gedruckt in der Offizin W. Drugulin in Leipzig

Zeitfracht Medien GmbH
Ferdinand-Jühlke-Straße 7
99095 Erfurt, Deutschland
produktsicherheit@kolibri360.de